ELIETE GOMES

Das lições que a vida ensina

SANTUÁRIO

DIREÇÃO EDITORIAL:
Pe. Fábio Evaristo R. Silva, C.Ss.R.

REVISÃO:
Manuela Ruybal

COORDENAÇÃO EDITORIAL:
Ana Lúcia de Castro Leite

DIAGRAMAÇÃO E CAPA:
Bruno Olivoto

COPIDESQUE:
Cristina Nunes

Dados Internacionais de Catalogação na Publicação (CIP)
(Câmara Brasileira do Livro, SP, Brasil)

Gomes, Eliete
  Das lições que a vida ensina / Eliete Gomes. – Aparecida, SP: Editora Santuário, 2017.

  ISBN 978-85-369-0459-7

  1. Deus 2. Espiritualidade 3. Paulo, Apóstolo, Santo 4. Reflexões 5. Vida cristã – Meditações I. Título.

16-06474   CDD-242.2

Índices para catálogo sistemático:
1. Reflexões: Vida cristã: Cristianismo 242.2

1ª impressão

Todos os direitos reservados à EDITORA SANTUÁRIO – 2017

Rua Pe. Claro Monteiro, 342 – 12570-000 – Aparecida-SP
Tel: 12 3104-2000 – Televendas: 0800 - 16 00 04
www.editorasantuario.com.br
vendas@editorasantuario.com.br

Apresentação

Nos recônditos do coração acelerado, as emoções humanas anunciam o tempo de mudança, criando embates dolorosos entre a verdade e a irrealidade.

Esta obra apresenta uma reflexão sobre as escolhas a serem feitas, quando as barreiras emocionais e racionais das pessoas se encontram no labirinto de seus conflitos internos. Com uma análise de um contexto psicológico e social, o desenvolvimento da obra teve por base o momento da conversão do maior propagador do Evangelho de Cristo, Paulo de Tarso.

No deserto a caminho de Damasco, na presença de Jesus de Nazaré, Paulo perde todas as conquistas que havia acumulado dentro de sua doutrina de fé. Ao se identificar com ele, todo ser humano, dentro do sofrimento, vê-se entregue às dores da alma a refletir sobre quem é e o que deve alterar. Porém, algumas dúvidas rondaram o apóstolo: *transformaria-se em um cristão ou seria um eterno fugitivo de seu encontro com Cristo?* Seus sentimentos se intensificaram desde a cegueira até o momento em que pôde voltar a enxergar e agir diante do novo cenário. Na decadência de sua racionalidade religiosa, Paulo se descobriu em Jesus Cristo sendo um ser capaz de amar e de se perdoar.

Diante dos acontecimentos e com emoções fragmentadas, segrega-se a vida entre a vontade de se descobrir dentro do novo e o desejo de permanecer na tranquila paz do campo da comodidade. Os pensamentos se fixam na disputa do desejo de seguir um novo caminho ou retomar o velho rumo, dúvida inerente à natureza humana no risco de uma tomada de decisão.

Qual o caminho da felicidade no momento em que a vida se apresenta em conflitos? Para encontrar a felicidade é necessário submetê-la à razão, eliminando todos os sentimentos negativos, que paralisam o ser humano diante de seus conflitos internos.

A vida renasce por meio da paz interior, intensificando o saber do próprio espírito, mas para isso será necessário passar por um exame de consciência, em que se decifrem as verdades e os medos, até estar no ponto de não se sentir preso ou escravizado, com o desconforto do itinerário da vida que o mundo propôs.

Paulo é um bom exemplo, não só por ser o grande precursor do evangelho cristão, mas também por ser um humano que teve a coragem de apresentar para nós suas quedas e a retomada do encontro entre seu verdadeiro "eu" e o Cristo.

Introdução

Deus atrapalha nossa comodidade diária

"Deus atrapalha nossa comodidade diária" é uma frase do livro *A infância de Jesus*, do então papa Bento XVI, e tanto eu como o leitor somos impactados pela força deste Deus que nos retira da comodidade.

Deus nos criou com o objetivo principal de sermos felizes. Assim, observamos a ação de Deus em nossa vida ao encontrarmos:

- A razão que se estabelece em mudança.
- O amor que salva.
- A vida que sonha.

É ousado dizer que Deus atrapalha nossa comodidade diária? Sim, é ousado, mas é uma frase de filhos que aprovam as intervenções de Deus para que possamos desfrutar a razão de nossa existência.

Ao final de toda a criação, Deus via que tudo era bom em suas obras e por amor nos ofertou todas elas, prova de um Pai que deseja que o filho seja feliz, porque fez o que era bom para seus filhos.

Deus está na história da pessoa humana, assim como a pessoa humana está na história de Deus. E, com Deus, o homem torna-se mais humano; e com o homem, Deus torna-se mais Pai. E é nessa relação que o homem e Deus tornam-se próximos. Ajuda mútua.

No dia a dia encontramos sinais concretos, dissociados de qualquer pensamento supersticioso, de que o Amor Misericordioso de Deus nos acompanha desde o nascer do sol, afinal, o sol nasce para todos por obra divina e piedosa do Pai. E, quando o céu apresenta suas primeiras cores claras, encontramos uma nova oportunidade de vida e de mudança. É no nascer do sol que nos deparamos com diversas possibilidades para alcançarmos nossos sonhos que se encontram com Deus. Momento de opção, opção por mudança e a escolha é nossa. A vida é feita de escolha, cada vez que encontramos Deus atrapalhando nossa comodidade.

Começamos este livro pelo final. Da mesma forma que ficamos diante do Amor de Deus, que nos movimenta, podemos perceber, também, na vida de Paulo de Tarso, a verdade do movimentar de Deus.

O Pai Eterno fez questão de atrapalhar a comodidade diária do apóstolo e ele não se intimidou e nos apresentou, com seu testemunho, tudo o que foi mudado quando Jesus atrapalhou sua comodidade diária.

Estamos alegres pelas novas perspectivas. Deus tem algo maravilhoso para cada um de nós. Sentimos seu amor de Pai Divino e sentimos que por esse amor tudo pode nos mover. É um convite para uma nova vida. Nossas angústias e dúvidas estão se dissipando e o fogo que arde em nós é o desejo intenso de viver os sonhos de

Deus para nós. Deus é a certeza de que tudo o que vier é para nosso melhor. Afinal, Ele nos ama e quem ama faz tudo por amor ao outro.

Alegres estamos, confiantes de que tudo irá mudar para o que Deus realmente deseja, com a possibilidade de encontrar o que Deus realmente deseja para cada um de nós. Porém, para conquistar a alegria na vida que Deus tem nos reservado, temos de ter consciência de uma única coisa: "Deus nos quer toda a nossa felicidade. Ele nos ama plenamente, sendo capaz de trocar reinos por nossas vidas. Confiantes em seu amor seguimos a vida que Jesus ensinou".

O desejo de felicidade é amplo para todos, e tudo isso começa pelo movimento do amor de Deus por nós. Assim, nessa certeza, começamos a concluir que a melhor forma de viver é nos encontrando com os sonhos de Deus para nós. Esse sonho é reconhecido, ou melhor, decifrado quando encontramos paz em nossas atitudes, em nossas escolhas e em nossos caminhos. É no dia a dia que vivemos o sonho de Deus, mas fora da comodidade cotidiana. Temos de mudar, temos de viver os sonhos de Deus.

Santo Inácio de Loyola dizia que na dúvida sobre os sentimentos não se toma decisão alguma. Partindo disso, o pai dos Jesuítas mostra para nós que a paz em nossas ações reflete, exatamente, o que Deus deseja para cada um de seus filhos. Caminhar com Deus é encontrar a paz que desejamos, a felicidade que almejamos e o sonho que Deus tem para nós. Não é uma questão de destino, é uma questão de vida, pois o viver não pode ser bom para alguns e ruim para outros. Não somos cartas marcadas. Mas, afinal, estamos aqui para quê? Para quem? Por qual motivo?

Diante de algumas circunstâncias, a vida nos coloca em crises que trazem dúvidas com sentimentos e emoções humanas. É a comodidade sendo movimentada. Trazendo consigo os conflitos e as indecisões sobre a vida presente e o medo da vida futura. O que envolve as pessoas em seus conflitos internos são os sentimentos de angústia e ansiedade, que se iniciam com questionamentos sobre a fase atual da vida, a falta de sentido e as dúvidas sobre os caminhos a serem tomados, surgindo dilemas dentro das diferenças, entre as frustrações trazidas pelo passado e um futuro indefinido e sem esperança. Quais os caminhos a serem tomados? Quais nossos verdadeiros sentimentos? O que podemos fazer ao viver com as angústias dos conflitos? Quais são as dependências que nos impedem de seguir pelo caminho de Deus? Quais as consequências das próprias decisões? Mesmo com fé, os conflitos surgem e as questões começam a ecoar em nosso coração. O que afinal Deus deseja de nós? Deus tem sonhos para nós?

Nossos conflitos, por muitas vezes, invalida-nos na decisão de escolhas por algum caminho novo. Ficamos inutilizados e não habilitamos nossa visão para uma nova perspectiva de vida. Evitamos abrir os próprios olhos para um novo horizonte. Nas crises, valorizamos a incapacidade de caminhar por outros rumos ou até de continuar a seguir a mesma estrada, desfazemos o compromisso de ter sentimentos que pacificam o próprio coração. Diante dos conflitos internos, é até natural não querermos contatos com os sentimentos de sofrimentos que estão dentro de nós. Protelando a tentativa de descobrir o que realmente está ocorrendo no interior de nosso ser. Se a pessoa negar seus sentimentos, a possibilidade de sair de seus conflitos é praticamente zero. Assim, devemos nos distanciar de nossa própria vida para poder analisar toda a situação e decidir qual o melhor caminho.

Talvez as situações não nos obriguem a tomar uma decisão, mas tragam um estado de alerta para tudo o que ocorre a nossa volta e nos deixam ansiosos ou angustiados, pois quem não tem consciência do que está vivendo corre o risco de se perder. Se uma pessoa não aprende a tomar decisão por si, outra pessoa o fará por ela, e isso não é positivo em nenhuma fase da vida. Então, o que nos resta é nos encher de coragem para ser quem o Autor da Vida deseja. As respostas nascem quando do escuro interno de nossas angústias conseguimos encontrar um tempo de silêncio. Os sentimentos angustiantes encontram soluções nas questões internas e frutíferas.

Aqui começamos com a história de Paulo, homem que viveu no exílio da paz. Perseguia cristãos antes de se tornar o grande precursor da palavra de Jesus Cristo. Em algum dia de sua vida atribulada pela discórdia, teve um chamado verdadeiro de Jesus, que o fez compreender qual era de fato o sonho de Deus para ele. Homem de fé, escolhido por Cristo a dedo.

Nas próximas linhas está a fala de Paulo, em que ele mesmo conta sua trajetória de conversão, conforme está escrito na Bíblia, no capítulo 26 dos Atos dos Apóstolos.

> Agripa disse a Paulo: "Tens permissão de fazer a tua defesa". Paulo então fez um gesto com a mão e começou sua justificação: "Julgo-me feliz de poder hoje fazer minha defesa, na tua presença, ó rei Agripa, de tudo quanto me acusam os judeus, porque tu conheces perfeitamente seus costumes e controvérsias. Peço-te, pois, que me ouças com paciência. Minha vida, desde minha primeira juventude, tem decorrido no meio de minha pátria e em Jerusalém, e é conhecida dos judeus. Sabem eles, desde longa data, e se quiserem poderão testemunhá-lo, que vivi segundo a seita mais rigorosa de nossa religião, isto é, como fariseu. Mas agora sou acusado em juízo, por esperar a promessa que foi feita por Deus a nossos pais, e a qual nossas doze tribos esperam alcançar, servindo a Deus noite e dia. Por essa esperança, ó rei, é que sou acusado pelos judeus. Que pensais vós? É coisa incrível que Deus ressuscite os mortos? Também eu acreditei que devia fazer a maior oposição ao nome de Jesus de Nazaré. Assim procedi de fato em Jerusalém e tenho encerrado muitos irmãos em cárceres, havendo recebido para isso poder dos sumos sacerdotes; quando os sentenciavam à morte, eu dava minha plena aprovação. Muitas vezes, perseguindo-os por todas as sinagogas, eu os maltratava para obrigá-los a blasfemar. Enfurecendo-me mais e mais contra eles, eu os perseguia até no estrangeiro. Nesse intuito, fui a Damasco, com poder e comissão dos sumos sacerdotes. Era meio-dia, ó rei. Eu estava a caminho quando uma luz do céu, mais fulgurante que o sol, brilhou em torno de mim e de meus companheiros. Caímos todos nós por terra, e ouvi uma voz que me dizia em língua hebraica: 'Saulo, Saulo, por que me persegues? Dura coisa te é recalcitrar contra o aguilhão'. Então eu disse: 'Quem és, Senhor?' O Senhor respondeu: 'Eu sou

Jesus, a quem persegues. Mas levanta-te e põe-te em pé, pois eu te apareci para te fazer ministro e testemunha das coisas que viste e de outras para as quais hei de manifestar-me a ti. Escolhi-te do meio do povo e dos pagãos, aos quais agora te envio para abrir-lhes os olhos, a fim de que se convertam das trevas à luz e do poder de Satanás a Deus, para que, pela fé em mim, recebam perdão dos pecados e herança entre os que foram santificados'.

Desde então, ó rei, não fui desobediente à visão celestial. Preguei primeiramente aos de Damasco e depois em Jerusalém e por toda a terra da Judeia, e aos pagãos, para que se arrependessem e se convertessem a Deus, fazendo dignas obras correspondentes. Por isso, os judeus me prenderam no templo e tentaram matar-me. Mas, assistido do socorro de Deus, permaneço vivo até o dia de hoje. Dou testemunho a pequenos e a grandes, nada dizendo senão o que os profetas e Moisés disseram que havia de acontecer, a saber: que Cristo havia de padecer e seria o primeiro que, pela ressurreição dos mortos, havia de anunciar a luz ao povo judeu e aos pagãos".

Dizendo ele essas coisas em sua defesa, Festo exclamou em alta voz: "Estás louco, Paulo! O teu muito saber tira-te o juízo". Paulo, então, respondeu: "Não estou louco, excelentíssimo Festo, mas digo palavras de verdade e de prudência. Pois dessas coisas tem conhecimento o rei, em cuja presença falo com franqueza. Sei que nada disso lhe é oculto, porque nenhuma dessas coisas se fez ali ocultamente. Crês, ó rei, nos profetas? Bem sei que crês!"

Disse então Agripa a Paulo: "Por pouco não me persuades a fazer-me cristão!" Respondeu Paulo: "Prouvera a Deus que, por pouco e por muito, não somente tu, senão também quantos me ouvem, se fizessem hoje tal qual eu sou... menos estas algemas!"

O conflito interno de Paulo é facilmente identificado quando ele confessa que era um perseguidor e condenava à morte as pessoas que professavam a fé em Jesus Cristo. Ele era uma pessoa e tornou-se outra, porém, como ele se deteve diante de seus próprios sentimentos, do ódio foi para o amor e a paz?

Ele, no caminho para Damasco, teve uma visão do próprio Jesus. Ali começou a cair por terra toda a sua crença, tudo o que era misticismo para ele passou a ser uma verdade. Fugir de Cristo não era mais possível, pois ele fora chamado pelo próprio Cristo, e para Paulo continuar como um judeu também não era mais viável. Suas crenças desmoronaram. Lutar pelo Evangelho de Cristo era um caminho sem volta. Mas como convencer principalmente as pessoas que foram perseguidas pessoalmente por ele? Então qual a estrada a passar e qual o caminho a seguir?

Paulo, quando chegou a Damasco, após ser tomado pela cegueira, ficou por três dias aguardando um cristão que devolveria sua visão. Assim foi dito pelo Cristo e assim ocorreu. Porém, por quantas vezes Paulo não se sentiu enganado, confuso diante de tudo aquilo? Quais foram as razões que o fizeram continuar seguindo as palavras de Cristo? Por quantas vezes se sentiu envergonhado de ter sido um perseguidor daqueles que acreditavam na palavra? Por que ele resolveu ser obediente? Por que Paulo não virou as costas para aquela visão e voltou para seu caminho? Por que ele não continuou como um judeu, poderia ter pensado que seria apenas uma miragem? Quais os sentimentos diante dos caminhos a serem tomados? Ódio ou amor? Medo ou coragem? Tristeza ou alegria? Como avaliar o que é certo e o que está errado? Mudar de rumo ou continuar na cegueira espiritual? Encontrar-se para ser outro alguém ou não fazer opções, onde deve iniciar a mudança, mudar de caminho é estado de loucura?

Essas e outras perguntas são respondidas a partir da proposta de vida que Paulo recebeu de Cristo, dentro do tempo estabelecido em seu próprio interior. Ele descobriu o verdadeiro sonho de Deus para ele. Diante de sua inteligência emocional, soube definir as emoções. Embora tenha sido um caminho longo entre o temor e o amor, sabemos que no contexto em que sua vida estava fixada pouco lhe ajudava seguir o cristianismo, mas ele fez a opção que já sabemos.

Como foi que ele seguiu seu interior para chegar à nova proposta de vida, ao sonho de Deus? Como chegou a ter coragem de propagar o Evangelho?

Todos nós temos nossos conflitos, que nascem da busca por algo melhor ou por querer ser alguém melhor, ou seja, a busca de trocar o velho pelo novo, descobrir-nos pelas ações que trazem o movimento do autoconhecimento, seguindo os fatores que nos levarão a dissipar as emoções provocadas diante dos conflitos internos.

Buscar ser, buscar saber, buscar o conhecer e buscar a verdade. Foi isso o que Paulo fez, e, com suas lições, entenderemos o que se passa em nós quando estamos diante do conflito provocado em nosso interior, e assim encontraremos o que é o melhor para cada um de nós.

1

Diante da cegueira, abramos os olhos e enxerguemos uma nova perspectiva

Enxergar uma nova paisagem

Ficar atento ao que se vê à frente é a proposta ideal de quem busca seus sonhos. Paulo ouviu, viu e esperou até a chegada de Ananias, o homem que lhe trouxe a visão de volta. Apenas esperou, viveu os momentos de cegueira com obediência. Mas durante o período de espera, com certeza, fez um exame de consciência. Exame esse que lhe trouxe a fé diante de Cristo, tempo de espera que o fez enxergar sua nova missão, os sonhos de Deus para ele.

Os dias foram longos e a colheita seria improvável, essa era sua paisagem naquele momento, afinal ele era um perseguidor dos cristãos daquela época. Mas acreditar e esperar em Deus foram as atitudes que ele tomou. Porém, o que pensou, ou melhor, o que passou em sua mente no período daquela espera de dor? Quais foram os sentimentos mais prováveis nessa fase de sua vida?

Um dos sentimentos que teve foi em relação à perda do poder que detinha e isso deve ter sido a razão que poderia ter feito Paulo desistir daquela visão e continuar como se nada tivesse ocorrido. Ele poderia voltar a seu mundo sem Cristo, pois tudo era improvável e naquele momento sentiu medo de si. Passando do ódio ao temor. Temeu por suas próprias questões. Tempos depois, confessou que sentia medo, mesmo quando já pregava a doutrina de Cristo e com certeza sentiu medo a caminho de Damasco, após a visão: "Ao contrário, castigo meu corpo e o mantenho em servidão, de medo de vir eu mesmo a ser excluído depois de eu ter pregado aos outros" (1Coríntios 9,27).

Como seria ele aceito diante de uma nova doutrina? Paulo não teria mais o poder e o consentimento do sumo sacerdote para impor suas verdades.

Enquanto vivia à sombra da cegueira do que acreditava quanto à religião tudo estava fácil, mas quando ficou diante de uma nova forma de viver, a única coisa que poderia garantir sua existência ou suas palavras eram a coragem e o divino chamado.

A obediência o fez esperar, mas ele não esperou de maneira cômoda. Aguardou o terceiro dia pensando, analisando o que estava errado e o que estava certo. Entendeu que existia alguma verdade naqueles que ele próprio perseguia. Até aquele momento, tudo estava em uma situação a favor de sua vontade. O ódio que havia nas perseguições não permitia que ele visse a vida sobre a ótica dos cristãos. O ódio lhe cegava e tudo era fácil mediante a escuridão de seu ódio.

Mas seu ódio foi colocado à prova, passou a se questionar: até quando poderia sentir aquele ódio? Seu ódio era tamanho que ele mesmo não o reconhecia, confundiu-se, permitindo que seu ódio fosse maquiado como amor, amor pela religião que não esclarecia, apenas exigia.

Viver às cegas é cômodo. O autoconhecimento requer aquietar-se; somos barulhentos por dentro e, muitas vezes, o silêncio pode provocar dor no processo latente de busca para se autoidentificar. Muitas vezes, deixamos que outra pessoa tome posse de nosso ser e conduza nossa vida. Para isso não é preciso esforço, isso é denominado de preguiça mental e física estabelecida sobre o próprio ser. Responsabilizar o outro por nossos fracassos e derrotas adquiridas é menos oneroso. O difícil está no processo de nos responsabilizarmos pelos próprios fracassos e convivermos com o arrependimento a partir de nossas ações. Mas isso tem um ganho, pois faz parte do processo de amadurecimento na identificação das emoções.

Encontramos pessoas que cometem seus erros e são justificadas a partir das palavras de outros, recebendo dos erros alheios as desculpas para seus próprios erros. Assim, sem disposição para analisar os fatos e os acontecimentos, passam a focar o mundo sob o olhar do outro. Isso é experiência de vida sem o simples propósito que é viver. E viver a partir dos erros dos outros é desconhecer a própria inteligência emocional.

Quantos preferem pegar a direção do caminho fácil para seguir?

Suportar as dores das derrocadas pede uma emoção bem administrada e isso é tarefa árdua. Enquanto responsabilizamos alguém por nossas derrotas, a independência emocional torna-se algo distante. Pois, se ou outro é reflexo de tudo o que fazemos, sentimos ou desejamos, não há encontro pessoal entre o próprio ser e Deus.

Invejar a conquista alheia parece ser mais fácil. Mas a inveja é escravizadora, faz o indivíduo viver às cegas. Sem viver a própria vida e seguir a inveja que obscura o coração, em vez de seguir na direção das vitórias, é o mesmo que andar no breu sem poder tatear o espaço em volta.

O caminho ideal está em habilitar a sensibilidade para dispensar a cegueira temporária, entendendo os acontecimentos e não só criando respostas rápidas aos questionamentos. Mas também ponderando as perguntas de forma a obter respostas frutíferas e úteis. E se, por ventura, houver perguntas sem respostas, melhor será anular esse tipo de pergunta e não pensar nela novamente. Questionar sem ter o sucesso de uma resposta bem elaborada é ficar parado diante da agilidade dos ponteiros do relógio, que correm sem se preocupar com os conflitos de alguém.

Lembre-se de que o tempo é implacável, ele não para e a única certeza que temos é a de que ele passa. E, às vezes, poderá ser tarde para recuperar o tempo que se perde com pensamentos que podem ser descartáveis.

Para sair da cegueira é preciso fomentar a vida de uma forma diferente, não buscar as dores dos fatos, e sim buscar os curativos que farão entender melhor o período de cicatrização dessas dores advindas dos acontecimentos.

Cegueira é não querer enxergar a verdade e enfrentá-la. Cegueira é optar por abaixar a cabeça ou fechar os olhos e se fazer de cego diante da luz da sabedoria. A cegueira está em se distanciar da própria inteligência. Fixar-nos em atitude pessimista, conivente com a cegueira interior, é descompromisso com a vida e conforto para os enganos e erros. Apenas a honra, a dignidade e a fé darão as verdadeiras razões para sairmos do lado cego da vida. "Andamos na fé e não na visão" (2Coríntios 5,7).

Nova visão a partir do autoconhecimento

A humanidade desenvolveu um comportamento que anda às cegas nos tempos atuais. Inibimo-nos da busca pelo autoconhecimento. Vemos os defeitos do outro de maneira sobressalente, sem encontrar quais são os verdadeiros reflexos de nossos próprios comportamentos nesse outro. Criticamos por criticar.

O autoconhecimento é essencial a todas as pessoas, Santo Inácio de Loyola dizia: "O homem que não conhece seu interior é escravo de seus arredores". Santo Inácio reconheceu seus conflitos internos, experimentou a dor de ter uma alma calada e inibida por seu próprio ego. Este estava sendo bem-administrado desde quando seus méritos eram reconhecidos por suas habilidades como combatente na guerra. Porém, diante do acidente que o deixou sobre uma cama, começou a precisar de algo que alimentasse seu eu. As honras recebidas no passado já não lhe cobriam de alegria. Tudo passou a ser efêmero. Relutou em se autoconhecer. Percebeu que era preciso tomar posse de si diante de um propósito maior que Deus havia planejado para ele. Sentiu que estava habitado por uma personalidade incapaz de ver além de sua própria vida e de suas próprias verdades, para, assim, entender que nele havia um espírito que necessitava enxergar, também para ser livre das amarras que a vida lhe propunha, e ir além.

Esses fatos da vida de Santo Inácio de Loyola ocorreram há mais de 400 anos, mas são semelhantes aos fatos que ocorrem no tempo presente com qualquer outra pessoa diante de seus conflitos internos. Nossas lutas internas fazem parte de fato de nossa realidade humana, independentemente do tempo e do local onde estivermos.

Devemos aprender a lutar com determinação, para que tudo tenha coerência dentro das circunstâncias que envolvem a vida atual. Isso é uma forma de adquirir o autoconhecimento e não nos perdermos de vista. É uma forma de nos reconhecermos como filhos amados de Deus. O maior significado disso é não estender a própria vida a partir do que os outros planejam para nós, trocando o que parece ser essencial pela própria essência, justificando a visão pelo que se é verdadeiramente. O exercício de autoconhecimento inicia-se quando resolvemos nos conscientizar e romper com aquilo que nos é apresentado por hábitos antigos, que foram sendo conceituados e formados a partir dos acontecimentos que estabeleceram condutas ou comportamentos.

Por vezes, esses hábitos antigos foram impostos pelos fatos, em que o passado parece ser um grande imperativo sobre as vidas, criando laços entre a vida atual e os momentos ocorridos que nos aborreceram, que endureceram o coração, secando lágrimas, empedrando palavras, vinculando os sentimentos à dureza das ações. O poeta Carlos Drummond de Andrade tem uma frase célebre: "Só é lutador quem sabe lutar consigo mesmo".

Nosso próprio coração é, por vezes, território desconhecido. Assim, o autorreconhecimento é processo de luta, com gosto amargo quando nos deparamos com aquilo que não gostaríamos de ser. Mas isso faz parte da redescoberta, a luta pelo conhecimento é dolorosa e incomoda a alma. Porém, retira qualquer ser da inércia de uma vida cega, que enclausura o ser na sombra do desconhecido.

É preciso coragem e acreditar na vitória, todo vencedor só poderá dizer que venceu quando, na verdade, conheceu todos os sentimentos de fracasso e frustração que envolveu a vida.

Cegueira é acreditarmos que somos algo que realmente não somos, que estamos passando por algo que realmente não estamos; cegueira é vermos nosso algoz como um mocinho, é não admitirmos a ferida que não cicatriza por estarmos diante de alguma situação de fracasso, é também não lutarmos para que esse sentimento não nos transforme em deslumbrados com as mentiras que a vida às vezes apresenta e engana.

Para sair da cegueira, consideremos que se trata de um processo lento que necessita de cura, tempo e paciência. Avaliemos o que, ao longo da própria vida, trouxe-nos para essa fase na qual nos encontramos atualmente. O que está em nossa história proporcionou sentimentos que não são positivos?

Mas entendamos que o passado, visto pelo ângulo negativo, transforma o belo da história em derrota antes do final da vida. Assim, aprendamos com o passado, mas aprendamos também a nos despedir dele.

> Não pretendo dizer que já alcancei e que cheguei à perfeição. Não. Mas eu me empenho em conquistá-la, uma vez que também eu fui conquistado por Jesus Cristo. Consciente de não a ter ainda conquistado, só procuro isto: prescindindo do passado e atirando-me ao que resta para a frente (Filipenses 3,12-13).

Paulo aprendeu que o autoconhecimento era a única regra que precisava para seguir e chegar ao que desejava, que era a perfeição em ser imitador de Cristo.

Libertar-nos dos sentimentos que cegam

Os sentimentos negativos cegam. Uma vida melhor nasce a partir da proposta de ver e perceber que o ódio cega, a mágoa cega, os ressentimentos cegam e ressecam o sentido da vida, da presença da alegria, da esperança, do amor, de um futuro bom. Viver somente no deserto do passado é permitir que sentimentos ruins nos conduzam pelo caminho que nos leva a morrer de sede por nobres afeições. "Mesmo em cólera, não pequeis. Não se ponha o sol sobre o vosso ressentimento" (Efésios 4,26).

Adotar os sentimentos negativos é trazer vida para o que passou, permitindo que o passado remonte o cenário e recomece em todo o instante presente. O passado não volta e não terá chance de voltar. O que resta é quebrar os laços dos ressentimentos, pois eles fazem o tempo passar e não ser percebido.

Toda pessoa perde sua própria liberdade quando se permite sentir algo negativo relacionado ao passado, mesmo que esteja diante da escolha que direcionaria o olhar para frente. Não durmamos com os sentimentos negativos. Não permitamos que eles ceguem nossa vida para um futuro feliz.

O que Paulo passou no momento da cegueira temporária, provocada após a visão que teve de Jesus Cristo, foi o concreto do que já era figurado em sua vida. Ele perdeu a possibilidade de enxergar de fato, em continuidade ao que vinha ocorrendo, uma vez que ele já era cego pelo fanatismo que provocou o ódio e o ressentimento contra o cristianismo. Acreditava em sua religião de tal forma que perdeu a consciência teológica e, assim, vivia apenas de sua vaidade espiritual. Porém, o apóstolo passou por uma compensação espiritual no momento em que se dirigia a Damasco, de frente com a cegueira verdadeira, percebeu que cabia apenas analisar as emoções de forma racional para entender a qual chamado estava sendo convocado. Precisou entender que o rigor de sua religião não era tão verdadeiro. Ele mesmo confessou que acreditava na ressurreição, na vinda do Messias. Mas quando isso ocorreu, ele preferiu lutar contra os fatos, lutar contra as evidências sem priorizar as verdades, apenas impondo o que sua religião apostou como verdade absoluta.

Assim, Paulo aprendeu que era necessário se ausentar do contexto em que vivia, do que sentia e pensava, para então encontrar as respostas que ele próprio vinha buscando dentro da religião. Ele teve seus conflitos internos no momento em que toda a sua crença, em que toda a verdade construída ao longo de sua vida e na qual ele acreditava, passou pelo processo de dúvida. Seu conflito interno foi uma guerra silenciosa. A exemplo dele, passamos por essa guerra e muitas vezes não queremos nem nos importar com o que está sufocando nossas almas. Mas Paulo aprendeu rápido. Libertou-se do preconceito a partir da reconstrução de um novo ser, provocado após as ruínas que transformaram suas crenças em questionamentos. Aquilo que parecia ser algo bom, não era mais. O caminho que havia seguido ficou escuro e precisava de luz. Mas já entendia que a luz que iluminava a vida passada já não seria suficiente, estava fraca.

Paulo, diante da Graça de Deus, abriu-se para compreender Jesus Cristo. Suas crenças perderam o sentindo a partir do encontro que teve com Jesus. Precisou ficar sem a visão para ganhar um novo modo de enxergar a vida e uma nova maneira de viver.

A vida de Paulo é algo concreto e atual, quando comparamos os acontecimentos ocorridos com ele e os fatos que realmente acontecem em nossa vida pessoal. Natural e comum que os fatos modifiquem a vida diante de uma nova perspectiva. O que não pode ocorrer é darmos permissão para que esses fatos influenciem de forma negativa nossas atitudes ou que vivamos de forma profunda dentro dos conflitos internos, sem despertarmos em nós as novas direções da vida que podem ser trilhadas.

Temos de tomar consciência de que os fatores inerentes às próprias vontades devem ser levados para frente de forma positiva, não nos prendendo dentro do contexto que nos levou ao conflito interno, e observar o momento certo para uma decisão e sem lamentos, pois a lamentação é comportamento que nos carrega a um prejuízo de tempo, desperdiçando a vida sem tornar os momentos ruins em algo produtivo.

O projeto de Deus para Paulo se repete para nós o tempo todo. Vejamos que o Deus que abre o mar vermelho e faz seu povo passar a pés enxutos (cf. Êxodo 14,22) é o mesmo Deus que atende nosso clamor diante da tempestade e das turbulências dos mares (cf. Lucas 8,24). Assim, Ele acalma o mar dos ressentimentos e recolhe os fragmentos e estilhaços de nossas vidas. Reconstrói tudo em algo novo com seus propósitos. Oferta a cada um de nós um coração novo com um olhar menos turvo, alterando para melhor todo o nosso comportamento.

Parafraseando Paulo, Deus transforma nossa cegueira em uma visão cheia da luz do céu, de maneira tal que a torna mais fulgurante que o sol (cf. Atos 26,13), brilhando em torno de nós. Deus convidou Paulo a sair de sua anemia espiritual; não havia mais necessidade de uma vida de ódio e perseguições; haveria um novo caminho a ser trilhado, um novo sonho a ser realizado. E bastou para Paulo uma visão com um olhar verdadeiro e compassivo aos fatos que ocorriam.

Guimarães Rosa, lúcido literário, escritor sensível, pede atenção ao olhar. Pede que se veja o que tem de bonito, o inacabado que há em nós e que pode transformar o que parece certo no verdadeiro certo, diz que aquilo que parecia ser, não parece mais:

> "O senhor... mire, veja: o mais importante e bonito, do mundo, é isto: que as pessoas não estão sempre iguais, ainda não foram terminadas – mas que elas vão sempre mudando. Afinam ou desafinam, verdade maior. É o que a vida me ensinou. Isso que me alegra montão" (Guimarães Rosa).

Jesus tira da cegueira aqueles que o procuram

Basta olharmos de forma racional, mesmo com a emoção latente, controlar os instintos humanos e administrar os conflitos internos para saber qual o caminho a seguir. Aparecerá a dúvida? Há a incerteza? Há o medo? Claro que há. Mas, após as quedas, também vem a certeza do agudo da paz que cai sobre o espírito, pois há um caminho mais sábio a ser trilhado.

Se o Jesus Cristo de Paulo, poeta das bem-aventuranças, que valoriza as emoções humanas e que acolhe os aflitos, for adotado por cada um de nós com um coração disposto a enxergar a verdade como realmente ela é, com certeza ocorrerá a mudança em nosso próprio olhar para uma paisagem sem preconceito e com uma atitude cheia de coragem.

O Cristo que devolveu a vista aos cegos tira da cegueira os corações viciados pelo passado, que não é saudoso. Jesus faz um coração enxergar através da luz divina que brilha dentro de cada um, basta ter fé para sentir. Jesus Cristo enxergava a sua frente sua própria missão. Fazer a vontade do Pai era seu centro. Não perdeu a missão de vista. Consciente, teve um racional pontual e direto, guiado por seu amor, pela paixão que nutria por todos os seres humanos e pelo Reino de Deus, seu Pai.

Jesus se detinha a olhar de maneira diferente os necessitados. Não havia cegueira temporária em seu comportamento, visto que para Jesus ninguém era invisível. Todos tinham a mesma valia. Até mesmo os fariseus hipócritas, pois chorou por eles porque não foi aceito a quem veio primeiramente (cf. Mateus 23,37). Jesus chora quando diz que gostaria de ser acolhido por todos, mas eles preferiram se dispersar em vez de seguir o Mestre.

Jesus, em sua vida em Nazaré, via a luz como algo divino. Sabia que por trás de todo movimento havia um Deus que é Pai. Assim, Ele propõe o renascimento por meio da luz. Por quantas vezes Jesus de Nazaré refletia a luz das lamparinas acesas, sobre a luz do sol. Basta ver o quanto repetia essa importância, e sempre dizia a todos que poderiam sair da escuridão. Aprendeu desde menino o significado de cada movimento que havia próximo a sua vida, por isso Ele é a luz do mundo (cf. João 8,12) e convida todos a serem luz:

> "Vós sois a luz do mundo. Não se pode esconder uma cidade situada sobre uma montanha nem se acende uma luz para colocá-la debaixo do alqueire, mas sim para colocá-la sobre o candeeiro, a fim de que brilhe a todos os que estão em casa. Assim, brilhe vossa luz diante dos homens, para que vejam as vossas boas obras e glorifiquem vosso Pai que está nos céus" (cf. Mateus 5,12-16).

Jesus cegou Paulo temporariamente, porém, com um propósito único de fazê-lo parar para refletir e entender o que estava se passando e o que iria começar a viver a partir daquele encontro pessoal. Paulo, homem inteligente, acatou a cegueira temporária. Com certeza se amedrontou com tudo aquilo, não sabia o que viria pela frente, preferiu esperar até que voltasse a enxergar. Mas na espera entendeu que a falta de visão era consequência da vida que tinha escolhido anteriormente e, assim, sentiu a esperança e entendeu que aquela cegueira iria compensar as sombras da vida antiga.

"Tudo isto não é mais que sombra do que devia vir. A realidade é Cristo" (Colossenses 2,17).

2

Quedas na estrada. É tempo de recomeçar

Reconhecer o momento da queda

Paulo estava ali, sentado. Após a queda buscou respostas a suas perguntas interiores. Não acreditava naquilo que estava ocorrendo. Seus homens foram testemunhas. Sabiam que alguém havia falado com ele.

Paulo estava caído no chão, enquanto falava com Jesus. Estava com a voz trêmula e sentiu-se atônito (cf. Atos 9,6). Seus sentimentos interiores se confundiam. O ódio deixou de existir e ele passou a sentir o medo, por quão desumano foi. O apóstolo estava cego, desolado, desamparado e desiludido. Nenhum de seus homens entendeu os últimos acontecimentos. Ouviram a voz, mas não entendiam de onde vinha nem quem era. Assim foi o chamado inesperado a Paulo. A incerteza assolou todos os seus sentimentos. Uma onda de insegurança apropriou-se de seu ser. E já não sabia se, ao se levantar, a vida teria o mesmo valor.

Enquanto esteve caído na estrada, entrou em estado de mendicância emocional, dependia de alguém para conduzi-lo. A liberdade e a satisfação não tinham mais significado e cabiam em seu vasto vocabulário. Teve de entregar-se ao nada naquele momento, limitou-se ao nada, havia dor em sua alma quando sofreu a queda. Novas características e novos sentimentos foram despertados nele.

A queda vivida por Paulo é comum, pode acontecer a todos. Nessa situação suas novas emoções eram a humilhação e a descrença; a queda faz o ser humano sentir-se indigno, como se não houvesse outra situação a ser vivida. Ficar jogado ao chão é uma condenação. Isso faz a pessoa sentir-se sentenciada, com uma sensação de perpetuação. O ser humano sente-se incapaz de sair daquele sentimento de fracasso. Assim, entra na inércia, não há mais mobilidade.

O que pode levar uma pessoa à queda?

Pode ser o final de um relacionamento, uma doença, problemas financeiros, a falta de um emprego, problemas com familiares ou até um filho que partiu; são tantas as situações que deixam as pessoas com sensação de impotência, de não saberem como se levantar nem como seguir o caminho novamente.

O que pode ser feito no momento da queda?

Direcionar o coração dentro da situação, de forma que possa admitir toda a fase que abriga a vida naquele instante. Um sentimento de desolação e abandono toma conta de nós, os pensamentos envolvem apenas o instante da queda. Esses sentimentos fazem com que fiquemos cegos e caídos. Como o apóstolo Paulo, que não entendia muito bem os sentimentos, nós ficamos ao chão e sem enxergar. De maneira figurada, colocamo-nos em igualdade nessa situação, forçando-nos algumas vezes a sentir culpa e autocomiseração por um longo tempo. Percebemos que as circunstâncias que envolvem o momento de ruínas nos acercam tornando-nos irracionais. Desassociam-nos da vontade natural de viver, retiram-nos o foco do que ganhamos e do que aprendemos, posicionando-nos às cegas pela derrota, vinculados por laços fortes ao que perdemos.

O instante da queda é momento de reflexão, em que o perdão, acima de tudo, deve perdurar, pois comumente nos sentimos arrependidos, magoados com os outros e com nós mesmos. Perdemos a clareza e a própria referência. Passamos a ser o que outras pessoas querem nesse momento, tamanha é nossa dificuldade de definir seus sentimentos. Passamos vidas inteiras aprisionados na própria queda, procurando cavar um processo longo, entre a ocasião da queda e o reencontro com o próprio ser. A queda nos faz perder a noção exata da distância entre o céu e a terra, entre a definição correta do que é bom ou ruim. Tudo se apresenta como um grande desfiladeiro que já está sendo experimentado. O tempo passa e nos sentimos mais longe do que é bom, fazendo-nos sentir mais distantes de onde estávamos, menos confiantes e mais inseguros. Porém, mesmo que a distância não seja tão longa assim, de qualquer forma estamos longe de onde estávamos e isso nem sempre é visto com bons olhos.

Muitas vezes acolhemos a queda de forma inequívoca, isso porque achamos que não nos resta outra escolha. Apenas dentro de um quadro de angústia, ficamos repetindo que se pudéssemos não estaríamos presentes naquele instante.

> Que nos conforta em todas as nossas tribulações, para que, pela consolação com que nós mesmos somos consolados por Deus, possamos consolar os que estão em qualquer angústia (2Coríntios 1,4).

Confiantes em Deus assumamos a queda: em meio ao chão, assumamos que estamos lá, que naquele momento as ruínas estão ocorrendo. Analisemos os motivos da queda e qual o caminho que escolhemos. Reflitamos sobre o que nos fez chegar àquela situação e até aquele momento.

Devemos ter cuidado com o que faremos com nossos sentimentos. Façamos todo o processo de reconhecimento sem culpa. Olhemos o passado pensando que os erros cometidos não poderão ser repetidos, mesmo que estejamos conscientes de que houve erro próprio. Porém, se a queda foi provocada por outra pessoa, mesmo ela agindo consciente ou inconscientemente, só nos resta seguir em frente, seguir a própria vida sem medo do futuro. Mas seguir novamente requer buscar coragem para poder se levantar, e isso é uma questão que envolve determinação.

As pessoas que nos levaram às ruínas não precisam estar em nosso convívio, podem até ser amadas, perdoadas, mas não precisam ser as pessoas que nos ditam ou escrevem nossa história de vida.

Respeitar as feridas dos próprios sentimentos

Nossos sentimentos merecem respeito, embora nossa vida mereça muito mais respeito e amor de nossa parte. Não é fácil o processo de nos subtrairmos das emoções que se enalteceram no momento da queda. Há etapas a serem seguidas que precisam ser reconhecidas para buscarmos uma nova visão daquele momento. Muitas vezes, ocorre de generalizarmos todas as emoções.

Temos de acolher cada um dos sentimentos e aprender como administrá-los para não nos tornarmos pessoas amarguradas ou ressentidas. Não adianta fugir dessa situação. Se estamos nos sentindo no chão, reconhecermos as emoções nos ajuda a disciplinar nossa vida diante da queda. Cair não é bom, mas pode não ser tão ruim, se no momento todos os sentimentos forem administrados. No livro *Mergulho no Ser*, a autora Soraya Cavalcanti, faz uma análise do perfil do profeta Jonas, chamando atenção quando cita a falta de perdão:

> Perdoar é um modo lúcido e claro de olhar a si mesmo e ao outro. É uma maneira de olhar o outro sem romanticismos exacerbados nem idealizações que mascaram a realidade. Esse olhar causa dor, mas é uma maneira de ser lúcido em si mesmo sem envenenar-se com ódio e rancor.

Os sentimentos estão misturados e nos parecem iguais em proporções: tristeza, desespero, angústia, raiva, ódio, ressentimento, culpa e autocompaixão, mas podem ser todos amenizados se, diante de toda a dor da queda, houver um momento de sobriedade para podermos colocar a mão no chão e nos apoiarmos para assim iniciar a nova subida. Não adianta perguntarmos o porquê. Mesmo que todo acontecimento mereça um porquê, apenas liguemos a resposta de nossos porquês a nosso próprio ministério, ou seja, qual é nossa missão diante daquele acontecimento? Aprendamos a responder a essa pergunta. Busquemos uma resposta para essa pergunta simples. Como podemos encontrar o querer de Deus diante de nossa queda? E também uma boa atitude é nos perguntarmos por onde recomeçamos.

Verifiquemos, à luz de nossa própria razão, o que nos levou à queda. Centralizemo-nos no lado racional de todo o contexto que envolveu aquela história, perguntando-nos: Como foi minha queda? O que sucedeu após minha derrocada? Qual o motivo que me levou ao chão? O que estou aprendendo com essa nova situação?

Respondamos com sinceridade e franqueza. Porém, sem ódio, rancor ou mágoa. Limitemo-nos apenas a nos envolver com aquela situação, de maneira que possamos sentir o controle sobre ela. Sentir que a queda pode ser um bem, mesmo depois de ter sido um mal. Aprendamos com ela. Construamo-nos a partir dela. Refaçamo-nos. As derrocadas nos levam ao chão e nos aproximam das pedras, levando-nos a pegá-las e atirá-las a que e a quem estiver à vista, fazendo de nós verdadeiros usuários de palavras duras, culpando pessoas e as responsabilizando pelos movimentos que nos levaram ao chão, isentando nossas fragilidades, nossas ações e nossos limites.

O processo de queda e ruínas é construção de alicerce para o amadurecimento. Nesse momento, faz-se necessária uma presença de espírito, de lucidez, para saber a escolha correta a ser feita. O sentimento de inutilidade que inunda nosso ser deve ser aniquilado. Devemos agir de forma concreta a partir da própria vida e da vontade de iniciar mais um novo ciclo de vida. Viver do passado não nos trará vida presente, trará apenas submissão ao que já passamos e ao que não voltará.

Nós temos vários exemplos advindos pelas mãos da natureza. Veja o que se fecunda do chão e, assim como na natureza, podemos nos fecundar a partir das quedas. A partir do olhar vertical que pode ser dirigido diretamente à luz. Acreditando que a queda nos proporcionará a alavanca para um novo tempo, para um novo arranjo à vida.

O escritor e colunista Theotonio Fonseca declara de uma maneira brilhante as razões que podem estar associadas às quedas humanas. Tentando elucidar em sua prosa *O homem diante da queda*:

> A certeza de que a queda não só corteja a todo instante nossa lide de caminheiros da existência, mas se embrulha nos lençóis da consciência e se embriaga no ceticismo de nossas crenças mais profundamente arraigadas, pode mudar o foco através do qual compreendemos a vida...

As quedas não têm como alicerce o pecado cometido. Mas todas as quedas estão ligadas à liberdade de ação do homem, afrontando e não se aliando aos cuidados com a vida humana, com o amor e com a compaixão.

Paulo já estava em queda antes mesmo do surgimento do próprio Cristo a sua frente. E o que o fez cair antes da luz foi o desamor, foi o ódio exagerado e o orgulho por fazer parte de um grupo de pessoas que tinham uma crença que não era legalizada no amor. Seus sentimentos negativos o levaram à queda e para se levantar teve de conhecê-los e desfazer-se de tudo que lembrava aquela vida antiga para iniciar-se em uma vida nova.

> Porque Deus que disse: Das trevas brilhe a luz, é também aquele que fez brilhar sua luz em nosso coração, para que irradiássemos o conhecimento do esplendor de Deus, que se reflete na face de Cristo (2Coríntios 4,6).

Cair em Deus

Paulo percebeu que seu relacionamento com Deus necessitava de uma nova avaliação. Precisou ficar às cegas. Caiu para perceber que suas ações estavam indo na contramão do que Deus tinha planejado para ele.

Os propósitos de Deus eram distintos dos que Paulo havia escolhido. Seguir a Deus estava correto, mas sem amor não era o lógico. Também não era o que Deus havia planejado. Houve uma escolha pontual de Cristo por Paulo, pois ele era detentor de uma característica que lhe era peculiar: sua fé. Percebemos, quando lemos suas cartas, que sua fé em Deus e na ressurreição do Messias era o que o movia, fazendo dele alguém dotado de coragem e determinação, um homem inteligente e culto. Porém, para que ele seguisse o caminho de amor e de paz, instituído por Jesus Cristo, foi preciso "derrubá-lo" para que pudesse transformar aquele coração. Paulo acatou e seguiu, sentiu-se amado mesmo diante da queda, pois a verdade lhe foi apresentada. Deus permitiu que ele conhecesse Jesus de Nazaré. Jesus destruiu do coração de Paulo o ódio e o fanatismo, Ele mostrou qual era sua verdadeira mensagem.

Quando Paulo compreendeu isso? Foi no momento de sua própria ruína que tudo começou. A queda se fez necessária para uma nova fonte de vida. Um rio de amor teve como nascente o amor de Jesus por ele, no momento em que se revelou àquele homem, sendo mais tarde aceito pela comunidade cristã e se tornando um novo apóstolo.

Paulo, diante da queda, sentiu-se pequeno, desprotegido de seu passado. Não sabia mais qual seria sua vida a partir daquele contexto que formava uma nova situação. Ele só sabia que algo não era como antes. O passado já não lhe pertencia. Não ficou chorando pelos males que havia cometido. Apenas sabia que deveria ser uma nova pessoa, que deveria levantar-se do chão. Sabia que deveria seguir o propósito que Jesus tinha para ele. Seguiu para Damasco, mas não tinha certeza do que o esperava, soube apenas que precisava seguir. Determinou em seu próprio ser que Deus o conduzisse dentro daquele tempo de descoberta.

Paulo experimentou os dizeres do livro do profeta Isaías (cf. 56,1): "Eis o que diz o Senhor: respeitai o direito e praticai a justiça, porque minha salvação não tarda a chegar e minha justiça a revelar-se". Paulo estava sentado do lado oposto à prática da boa justiça, mas soube quando ela foi revelada a si e que a salvação se fez vista através da luz de Jesus Cristo. A mão que o puxou para levantá-lo do chão foi a de Deus. Por isso que se encorajou para levantar-se e seguir servindo. Cristo nasceu na vida de Paulo a partir da raiz. É assim que Ele surge em nossas vidas e inicia nossa conversão a seu favor. Não necessariamente por meio da queda, mas por meio do mais profundo de nosso ser.

Muitas vezes nos encontramos dentro da situação de conveniência em estar dentro de uma igreja, mas sem identificar um relacionamento profundo e íntegro com Deus.

Podemos viver a experiência de Deus em nós a partir da busca pelo ser, da busca por quem somos. O encontro ocorre quando perdemos nosso limite dentro da vida de Cristo. Porém, o chamado de Jesus nos parece mais alto e forte quando estamos no chão. Fica a impressão de que é da terra que brota a voz de Cristo nos convidando para estar com Ele. O estrondo, do que nos parece ser a sua voz, é o eco de quem habita em um coração, que está soterrado de todos os acontecimentos da vida e esquecido por conta de nossas angústias, aflições e desespero.

A dor nos faz sair do ostracismo. Leva-nos a procurar por um novo sentido na vida, a partir daquilo que nos foi retirado ao longo de nossa vivência.

Paulo em sua epístola aos Gálatas afirma que quem semeia no Espírito, do Espírito colherá a vida eterna (cf. Gálatas 6,8).

Apeguemo-nos ao fato de que nascer em Cristo pelo encontro que se dá na ida até a profundidade é entregar-se ao viver pelo Espírito. A presença do Espírito habita nosso ser, colhe todos os sofrimentos e pode transformar pedra em pequenas lascas que brilham quando refletem o brilho do sol.

Germinar em Cristo depois da queda é acreditar que se traz luz ao que está escondido sob os pés atolados pela lama. Saber nos desenterrarmos de maneira inteira é saber levantarmo-nos ao encontro com Jesus.

Interessante como Jesus é visto como algo intocável, quando, na verdade, ao ler o Evangelho, percebemos um Jesus próximo daqueles que não sabem se reconhecer como pessoa humana.

Jesus não vê o pecador. Em todas as pessoas Ele enxerga o ser humano. A todos chama para si sua atenção, para poder modificar e neutralizar qualquer problema que as pessoas tenham. Entrega a paz a quem recorre a Ele. O cristão que se envolve com Cristo também tem seus problemas e isso faz parte do processo natural da vida. Porém, a vida em Cristo é pacífica ao coração daquele que busca a Ele. Jesus não é um ser inanimado. Ele existe e está entre nós. Para acreditar basta ler suas palavras quando afirma que onde estiverem dois ou mais reunidos em seu nome lá estará Ele (cf. Mateus 18,20).

Confiança em Cristo é acreditar na fidelidade que Ele mantém em suas palavras até os tempos atuais. Devolvamos a Deus a caneta que usa para escrever a história de nossa vida, Ele fará isso melhor do que nós.

Permitam-nos cair em Jesus, isso é germinar em terra boa que produz fruto (cf. Mateus 13,8).

3

Os conflitos diante das mudanças de rota. Dar um novo sentido às experiências em Deus

Converter-nos às novas experiências

Paulo se vê diante de um impasse em sua vida. No momento de sua grande aflição, o que ele deveria fazer com aquela nova revelação? Como seguir adiante com seu projeto de prender os seguidores de Cristo, se ele foi barrado pelo próprio Cristo? O anúncio de uma nova vida não poderia ser ignorado, tampouco desconsiderado; algo deveria ser feito, mas o quê?

Paulo estava diante do conflito que se estabelece no coração, quando temos de alterar os planos e projetos por conta de algo novo que surge. A confusão estabeleceu-se em sua mente. O conflito interno era sobre como mudar o caminho sem saber o que encontraria. Sabia que não iria mais defender o judaísmo com tanto amor. Entendeu que, para a história de sua vida, ser judeu poderia ser mais fácil do que fazer a escolha de se converter ao cristianismo. Porém, aquele momento exigia algo mais forte de Paulo. Precisava de coragem para enfrentar aquela situação e iniciar uma nova vida. Mas o que pensariam os outros ao vê-lo dentro de outra doutrina, diferente da qual fora criado? Como falar sobre a visão que acabara de ter sem que o achassem maluco?

Paulo fala de sua conversão ao longo de suas próprias cartas direcionadas às comunidades cristãs da época, mas não confessa seus sentimentos nem seus conflitos. Porque ele sabe que, para aquele momento, falar de suas dores poderia tirar o foco de sua nova missão, que era a de evangelizar. Então, por que falar dos sentimentos, do medo, da confusão, do conflito interno? Porque eles pertencem a todos e todos sabemos o que isso significa. Para Paulo o que lhe aconteceu foi um agrado de Deus. Mas esse agrado só ocorreu porque ele permitiu que Deus agisse nele.

É chegado um novo tempo, um novo caminho a seguir. Paulo se vê sendo guiado e teve de esperar. Estava seguindo para Damasco para prender e levar consigo todos os que professavam a fé em Jesus Cristo. Mudou a rota sem mudar de caminho, seguiu em frente, foi para Damasco, e lá se deu o início de uma nova estrada para sua vida.

O psicanalista Carl G. Jung, em seu reconhecido livro *Psicologia e religião*, ao sobre a experiência da religião junto à psicologia, afirma: "Creio, de fato, que não há experiência possível sem uma consideração reflexiva, porque a 'experiência' constitui um processo de assimilação, sem o qual não há compreensão alguma". Era exatamente isso que Paulo vivia a seu próprio tempo, com sua religião. Ele tinha a experiência de Deus nele, por meio de todo o seu conhecimento e de suas reflexões. Porém, após o encontro com Jesus a caminho de Damasco, teve uma nova experiência, passou a refletir sobre aquilo que vivenciara, entendeu o novo chamado, assim foi ao encontro de Ananias.

O processo de conhecer Jesus, a partir da nova experiência, deu-se pelos ensinamentos do cristão que Deus havia designado para encontrar com aquele que seria o grande precursor do Evangelho cristão. Para assimilar a experiência real que a pessoa desenvolve, ou melhor, vivencia, é necessário entender o processo a partir da consciência junto ao fato que faz ela mudar ou seguir um novo caminho. Assimilar, aqui, é recortar todo o contexto e entender cada movimento e cada parte. Claro que não nos subjugando de forma leviana, com frase estéril: "Estou passando por isso porque mereço" – ou com perguntas infrutíferas e desnecessárias; reconhecer é saber o que fazer com essa nova experiência.

> "Por isso, não julgueis antes do tempo; esperai que venha o Senhor. Ele porá às claras o que se acha escondido nas trevas. Ele manifestará as intenções dos corações. Então cada um receberá de Deus o louvor que merece" (1Coríntios 4,5).

Encontrar o caminho na realidade do verdadeiro eu

Notamos que na atualidade as pessoas encontram-se longe de seu verdadeiro eu, isso porque o ser humano contemporâneo encontra-se perdido por conta de ter esquecido seus valores.

Todo ser humano está no contexto de liberdade racional e deve ter consciência de que seu comportamento é alterado por essa liberdade, quando por algum momento se entregou a algo diferente das verdades estabelecidas antes da fase adulta. Porém, é preciso amadurecimento para reconhecer que nem tudo que foi dito em sua infância é plena verdade também.

O pessimismo e o negativismo em um relacionamento entre pessoas adultas e crianças até os 7 anos de idade trarão sérias consequências para os futuros relacionamentos dessas crianças, quando chegarem à próxima fase, a adolescência, estendendo-se à fase adulta. O adulto inseguro e medroso nasceu de uma criança que tinha "não" como resposta permanente, ouvia o não sem entender e compreender o "porquê" daquela negativa.

Segundo a psicologia, há cinco fatores que envolvem o ser humano, fazendo-o alterar seu comportamento: cultural, socioeconômico, biológico, ambiental e psicológico. Nós nos apegamos ao fator que envolve nosso psicológico. Muitas são as variáveis que nos retiram da rota, sendo que elas estão relacionadas ao estado emocional das pessoas pelo modo como foram criadas e educadas, desde seu nascimento até o tempo presente.

Pessoas que buscam elogios foram pessoas que não tiveram isso em sua infância. Receberam críticas de muitos setores de sua vida, tais como pais, professores, chefes, amigos; elas ficam com a possibilidade de desenvolver pouco amor próprio, seguindo com uma autoestima pequena e pouco administrada. Mas o excesso de elogios faz com que pessoas percam seus limites e que encontrem insatisfação e frustração diante da negativa de algum pedido na fase adulta.

As mudanças pregam peças em muitos. Chegam de surpresa e não há avisos que nos ensinem a refletir junto ao medo do novo. Devemos estabelecer metas para reconhecer o novo território e atendermos à solicitação do tempo que chega, pois é uma nova fase de mudanças que se aproxima.

É preciso entender o processo como algo que poderá ser alterado. Analisar todos os acontecimentos de forma equivalente e uniforme. Todo o processo de mudança requer paciência e prudência. Nenhuma atitude precipitada será bem-sucedida.

É nossa vida, é nossa humanidade que está passando pelo conflito. Isso é natural e não necessita de ser visto como algo que não terá mais fim, basta colocarmos qualidade de vida ao novo projeto, aos novos acontecimentos. E qualidade de vida significa tempo de qualidade ao todo que vem ocorrendo. Para isso, é preciso viver cada passo a seu compasso de acordo com o conteúdo da história que estivermos vivendo.

Apenas chorar e ficar na aflição não nos trará novo direcionamento. Acumulará em nós apenas sentimentos negativos sem o desafio de mudar. Chorar faz parte, mas não é o principal a fazer. O modo como cada pessoa corresponde a seus conflitos internos é a chave para se recuperar e sair do abismo que há entre a vida real e a vida aflitiva.

Nos tempos atuais, é muito natural a busca constante pela realização pessoal, mas o que seria isso senão algo mais que a sociedade moderna nos impõe? Realização é conseguir lidar com os problemas do cotidiano de forma saudável, sem grandes preocupações, independentemente dos acontecimentos.

Aprendamos a conhecer a própria realidade e a reconhecer nossos próprios limites dentro do cenário da vida que está passando.

"Tudo isto não é mais que sombra do que devia vir. A realidade é Cristo" (Colossenses 2,17).

Os bons caminhos encontram-se logo à frente

Os conflitos internos ocorrem quando algo sai do eixo no contexto presente, fazendo cada pessoa pensar sobre outras possibilidades para a vida. Então, não há mais como nos encontrarmos com o mesmo sentimento dentro do comodismo, quando percebermos pela frente uma nova possibilidade, e com essa nova possibilidade chega também uma insegurança fragmentada, que desperta medo. O novo assusta e amedronta.

O ideal de vida começa a nascer a partir do tempo, dentro do que podemos chamar de tempo do propósito. Estar consciente do tempo é saber ausentar-se da vida que se leva, ou seja, é saudável acrescentar um momento sabático ao atual cotidiano e aos antigos ideais, que se encontram tão arraigados em nosso ser. Não mudemos de rumo apenas quando o vento soprar ou não nos permitamos viver a vida de qualquer jeito, deixando a vida nos levar. Isso é como viver de qualquer maneira e a qualquer custo. Primeiro, devemos entender que há um processo de conscientização para que as coisas ocorram de forma concreta e definitiva, sem o peso do arrependimento quando chegarmos ao futuro.

Tempo do propósito é entender como devemos viver com Deus para que extraiamos da vida o que há de melhor, e com isso aprendermos a conviver com cada situação e entendermos que a solidão pode ser parceira em novas mudanças, que ajudarão na criação de novos hábitos para uma nova vida.

É surpreendente, quando lemos o poema *Cortar o Tempo*, a percepção do tempo. Porém, aplicando isso a uma nova perspectiva de vida, alcançaremos uma resposta ao tempo da qualidade que precisamos ter diante do problema que nos atinge, retirando-nos do que nos mantém presos dentro de nossos conflitos internos:

> Cortar o tempo
>
> Quem teve a ideia de cortar o tempo em fatias,
> a que se deu o nome de ano,
> foi um indivíduo genial.
> Industrializou a esperança, fazendo-a funcionar no limite da exaustão.
> Doze meses dão para qualquer ser humano se cansar e entregar os pontos.
> Aí entra o milagre da renovação e tudo começa outra vez, com outro número e outra vontade de acreditar que daqui para adiante vai ser diferente. (Autor desconhecido)

O tempo do propósito é exatamente o ideal para conseguirmos chegar à esperada decisão se soubermos cortar o tempo, aplicando a esperança em cada parte dele.

Quando estamos face a face com os problemas interiores é necessário tomar algum rumo e agir com atitude, mesmo com a exaustão que sentimos, pois se ficarmos com medo do desconhecido, não chegaremos a nenhum lugar.

Muitas vezes, a vida nos exige respostas que não sabemos em que encontrar. Nós estamos em meio a um mundo moderno, em que o conceito de certo ou errado está distorcido. Não sabemos qual direção seguir, pois aprendemos a fazer os planos com a grande massa, pensando sempre em trabalho, dinheiro e prazer. Somos obrigados a exibir um estado emocional perfeito, pois é visto como sinônimo de sucesso, como se todas as pessoas bem-sucedidas tivessem uma vida perfeita e harmoniosa.

A vida perfeita é utópica, a exigência pela perfeição passa a ser o grande sintoma do mundo moderno. Só é feliz quem se encontra diante da vida perfeita que a sociedade estabeleceu. O que poderia ser mais pesado para a busca do ser do que tentar ser perfeito? Esse apelo nos condiciona a agirmos como robôs, pois perdemos o sentimento e a ideologia, vivendo como mercadoria.

A vida moderna nos leva a viver como se tudo fosse obsoleto e trata nossas vidas como objeto de pouco valia. Assim perdemos a verdadeira noção da importância dos relacionamentos humanos.

A boa colheita chega quando é habilitada a vontade de vencer e a coragem para enfrentar, seja o que for, de maneira lúcida e com um coração pacífico. Padre Fábio de Melo, em seu livro *Quando o sofrimento bater à sua porta*, afirma que:

> Analisar é purificar. É retirar os excessos. Muitos sofrimentos nascem de nossas confusões mentais. A análise tem o poder de reordenar as ideias. É como se acendêssemos luzes em um quarto escuro.

Diante do conflito, para uma tomada de decisão, buscar um novo caminho pode ser o ideal. Porém, mesmo que decidamos ficar no velho caminho, ainda assim ele será diferente, porque soubemos ordenar e retirar os excessos daquilo que aparentemente não se apresentava de forma positiva.

Para ter vontade de mudar, precisamos ver que o velho, em algum momento, parece-nos ruim, mas isso pode ser mudado, mesmo se for aceito. O velho pode ser bom, basta observar com olhar crítico e verdadeiro. O importante está no fazer a diferença a partir do agora e a partir do momento em que soubermos qual o melhor caminho a seguir.

Seguirmos sem culpa, após um bom exame de consciência, sabendo que o que foi idealizado poderá sucumbir a novos sonhos e novos projetos. Ou seja, o velho será novo se soubermos o porquê de estarmos seguindo por ele, destruindo as barreiras que nos impedem de ver as coisas por um novo ângulo, bem mais positivo.

Renovarmos a vida é saber para onde seguir e por que estamos seguindo naquela direção. Reconhecer-nos no caminho é termos a vida sob controle, pois, mesmo em situações e fatos novos que estabelecerão um momento de mudança, nós estaremos distantes da angústia. Compreendamos que o agora exige de nós sermos pessoas melhores com nós mesmos. Tomar conta da própria vida é saber para onde vai, por que vai e, em alguns casos, com quem vai.

Para uma boa administração do conflito interno, o ideal é manter-nos longe de pensamentos que entristecem ou de pensamentos negativos, não podemos ignorar nossa própria realidade, mas é pensando de forma concisa e inteligente que tomamos consciência de todas as questões que rodeiam as emoções e que envolvem esse conflito. O novo só será novo se realmente optarmos por ele ou quando há um acontecimento que nos obriga a nos entregarmos a uma nova situação. Porém, o objeto da mudança deve estar longe de paixões mundanas, ou seja, se devemos decidir algo, que seja pelo caminho que é mais coerente e menos passional.

As paixões normalmente levam a atitudes que podem ferir e também a acontecimentos que geraram consequências sérias, por conta de ocorrências que se dão por falta de administração de sentimentos, falta de empatia ao grupo envolvido ou até mesmo severidade com nós mesmos. Tomar decisão à luz da emoção aflorada não é o melhor caminho, é apenas o mais curto.

Rick Warren, em seu livro *Uma vida com propósitos*, aconselha a pessoa a retirar um tempo do propósito para si mesmo:

> Extrair lições de suas experiências leva tempo. Sugiro que você retire um final de semana para fazer uma reflexão sobre sua vida, no qual irá observar os vários momentos que Deus trabalhou em sua vida, para analisar como Ele deseja usar essas lições (extraídas) para ajudar os outros.

"Pois ele diz: Eu te ouvi no tempo favorável e te ajudei no dia da salvação" (Isaías 49,8). "Agora é o tempo favorável, agora é o dia da salvação" (2Coríntios 6,2).

A conversão em Cristo é mudar as ações

Voltando a Paulo, ele tinha uma enorme paixão por sua religião e pelo grupo de fariseus. Seu encontro com Jesus Cristo o fez refletir de forma racional. À luz do encontro, ele refletiu e a partir daí iniciou seu processo de conversão, ou melhor, de uma nova conversão. Ele decidiu isso logo ao se encontrar com Cristo? Não, ele decidiu dentro de um tempo. O tempo que passou indo a Damasco até quando ficou só. Refletindo e analisando seu novo ser. Abandonou a paixão, deixou o serviço na Sinagoga e se dedicou ao cristianismo.

Tudo isso por uma nova paixão? Não. Isso se deu pela luz da sabedoria do Evangelho, que foi conhecendo ao se encontrar com aqueles que antes ele perseguia. Soube se reconhecer mendigo no caminho para Damasco, um pedinte de água e pão para sua alma. Passou fome e sede de alma purificada, percebeu que o que vivia não o saciava mais por completo.

Paulo se encontrou com um Cristo humilde, que apenas lhe perguntou por que era perseguido (Atos 9,4) e, naquele momento, Jesus, que o surpreende de maneira tão inversa a seu comportamento, demonstra amor, porque não o aborda com poder divino nem com arrogância humana, apenas com uma simples pergunta. Então, Paulo percebeu que o que se falava do cristianismo era a verdade daquilo que mudaria sua vida. O cristianismo apresentava a promessa daquilo que ele buscava em Deus. A vida do Messias para seu povo era o concreto da aliança. Era amor. Paulo entendia que a verdade de antes não restaurava mais seu espírito, precisava de outras verdades, e isso encontrou junto a Ananias, a quem Jesus destinou para lhe apresentar o cristianismo e batizá-lo. Contudo, sentiu-se inspirado pelo Espírito Santo.

Uma das partes mais intrigantes durante toda a caminhada de Paulo é quando ele estava sendo levado para Roma e, durante fortes tempestades, no navio em que se encontrava, buscava acalmar as pessoas, pedindo para que acreditassem que sairiam vivas daquela situação (cf. Atos 27,21-26).

Ele estava preso. Fora levado ao Imperador, a pedido dele, para que pudesse se defender das acusações que os judeus faziam contra ele. Obtém a calma quando sua vida se encontra em risco.

Tudo isso é o inverso do sentimento que havia nele quando estava a caminho de Damasco. A situação é distinta porque ele conheceu a paz, mesmo diante do perigo. Paz essa adquirida pela segurança que traz na proposta de viver em Cristo.

Segundo o teólogo Michel Quoist, "Cristianismo não é uma ideia, é gente", porque nasceu a partir da vida de Deus em Cristo, não é um conjunto de ideias, de regras, de leis, e sim de um ideal na figura de Jesus de Nazaré. Sendo nós sua imitação o temos por base para uma proposta de vida nova, para um caminho novo. A felicidade se dá a partir do reconhecimento da paz que é movimentada por Jesus dentro de cada um de nós. O relacionamento com Cristo acalma e tranquiliza, dentro de um processo verdadeiro de conversão. Basta não nos desesperarmos diante do pior.

Hoje em dia, algumas igrejas gostam de utilizar a imagem de um Deus bonzinho que faz todas as nossas vontades, mediante o pagamento de nossa fé, porém, está sendo pregado um Deus comercial. Por essa razão, muitos relacionamentos com Deus ocorrem por interesse em sua misericórdia e em seu poder de fazer o impossível e o possível, mas devemos nos lembrar de que o melhor de Deus é o amor, é a mensagem daquele que vem ao próximo para entender e auxiliar.

Jesus disse no momento da ressurreição de Lázaro que abrissem o túmulo, convidou quem estava próximo para fazer o que era possível: mover a pedra; o impossível ficou para Ele que ressuscitou Lázaro (cf. João 11,38-44).

Viver longe do caminho de Deus é até possível, mas fora dele há apenas caminhos de ilusão e que são mais longos, até que se encontrem a paz e uma vida tranquila com liberdade. Esquecer-se de Deus é se perder. Aquele que faz a opção por estar longe de Deus pode até dizer que está feliz, e não há razões para duvidar. Mas dizer que sua proporção de felicidade é maior do que a paz em que se encontra não é verdade constante, pois elas são inversamente proporcionais. Longe da fé em Deus tudo o que foi acumulado se esvai com o tempo. Tudo é perdido. Podem nos restar o dinheiro, o sucesso, mas não nos restará a saúde, e quando se perde a saúde, se não houver fé, todo o resto perderá o sentido.

"Que Deus, nosso Pai, e nosso Senhor Jesus nos preparem o caminho até vós!" (1 Tessalonicenses 3,11).

4

Diante das frustrações na vida presente, a busca pelo sonho de Deus

Recolher-nos diante da desilusão

Paulo acabara de ter sua primeira frustração, sua vida estava mudando de rumo; de que valeria todo o estudo que tinha? De que valeria ter tanto conhecimento? Por que tudo aconteceu de uma maneira diferente ao que fora planejado? O que fazer com esse sentimento de frustração? Por que isso estaria acontecendo com ele?

Frustração é a emoção ocorrida em situações em que um almejo pessoal foi impedido de ser alcançado. Quanto maior o objetivo, maior é a frustração, sendo na psicologia comparável ao sentimento de raiva e desilusão, podendo ser impedimentos ocasionados por fatores externos ou fatores internos de ordem emocional, tais como falta de confiança, medos, situações sociais, autoboicotagem etc. No caso do apóstolo Paulo, o fator era externo. Ele criou a expectativa sobre sua vida espiritual, que também foi criada sobre ele por outras pessoas.

Paulo era um jovem promissor para a religião judaica, sendo um fariseu zeloso à lei e aos mandamentos. Devido sua inteligência e sua audácia, era chamado a ter grande responsabilidade, por essa razão se encaminhava a Damasco. Porém, no meio do caminho, algo alheio a sua vontade aconteceu e ele se viu nas mãos de Deus, sendo levado a seguir um caminho diferente daquele que havia desejado para si mesmo.

Ele aceitou a proposta de uma vida nova por medo ou por amor? Até aquele momento não experimentara o amor, apenas o temor, e assim se viu em sua nova caminhada. Quantos questionamentos ele se permitiu fazer?

Fora testemunha e aprovara a morte de um cristão, Estêvão (cf. Atos 8,1), por apedrejamento. Mas após o caminho a Damasco, ele se viu obrigado a fazer um exame de consciência. Seria ele no futuro apedrejado pelos judeus? Como poderia servir a Cristo, se fora responsável pela morte de um cristão?

O comportamento mais comum no caso de frustração é o comportamento passivo-agressivo, que manifesta as seguintes emoções: vitimização, procrastinação, ressentimento e teimosia. O comportamento de Paulo foi comparado ao de procrastinação. Isolou-se. Não tinha o que ser falado. Não queria contatos. Ele estava indignado com os últimos acontecimentos. Não teria outro comportamento, uma vez que sua vida estava fora do prumo. Precisou anular seus planos e se encontrar novamente com a verdade. Amargou a frustração por descobrir que sua verdade não existia e que tudo que estudou estava fora do contexto que ele acabara de presenciar. Tudo o que ele acreditava se esvaiu. Sentiu-se perdido.

Freud, em seu escrito chamado *Mal-estar na civilização*, 1930, descreve as consequências da frustração na vida do ser humano:

> Descobriu-se que uma pessoa se torna neurótica porque não pode tolerar a frustração que a sociedade lhe impõe, a serviço de seus ideais culturais, inferindo-se disso que a abolição ou redução dessas exigências resultaria num retorno às possibilidades de felicidade. Existe ainda um fator adicional de desapontamento. Durante as últimas gerações, a humanidade efetuou um progresso extraordinário nas ciências naturais e em sua aplicação técnica, estabelecendo seu controle sobre a natureza de uma maneira jamais imaginada. As etapas isoladas desse progresso são do conhecimento comum, sendo desnecessário enumerá-las. Os homens se orgulham de suas realizações e têm todo direito de se orgulharem. Contudo, parecem ter observado que o poder recentemente adquirido sobre o espaço e o tempo, a subjugação das forças da natureza, consecução de um anseio que remonta a milhares de anos, não aumentou a quantidade de satisfação prazerosa que poderiam esperar da vida e não os tornou.

Ele ainda completa que, mesmo com toda a vida e os fatores externos da evolução humana, a satisfação pela vida não ganhou grande espaço, passando-se mais tempo procurando não ser triste do que realizar desejos.

Assim, vimos que o processo de frustração pode nascer da situação mais banal que houver, e o mais comum é lutar para não ser infeliz, mais do que para ser feliz. Contudo a pessoa age nessa inércia contra a infelicidade como forma de se precaver contra a frustração.

O ser humano não se sente preparado para ficar em último lugar. É sempre cobrado e pressionado para se encontrar entre os primeiros e estar por cima das situações, procurando conviver em ambientes de pura competição ou até mesmo provocando algum tipo de competição. Mas é daí que nasce a frustração diante de situações corriqueiras, que poderiam ser facilmente suportadas se houvesse a maturidade diante das perdas. Perder não é ruim, o que é ruim são os sintomas que a perda provoca.

A pessoa deve sempre aprender a reconstruir-se a partir de si mesma. A pessoa que não estiver preparada para acolher seus sentimentos de frustração e trabalhar de maneira positiva, poderá desencadear outros problemas psíquicos e psicológicos, tais como a neurose, a depressão, a falsa autoaceitação e a baixa autoestima. Observemos o acúmulo de sentimentos internos que geram problemas dentro dos relacionamentos, verifiquemos que são nascidos da não superação dos ressentimentos, decorrentes de situações de conflitos com outras pessoas desde a mais tenra idade.

A vida não é espelho para ser comparada. Aprender quem se é e compreender os próprios sentimentos em momento de perda é o ideal para quem procura um estado de espírito pacificado.

O apóstolo Paulo aconselha as pessoas a não se enganarem por achar que são melhores do que outras. Pede para que cada pessoa observe seu próprio comportamento, assim entenderá seus próprios limites e também suas virtudes (cf. Gálatas 6,3-4).

Ninguém é melhor nem pior do que ninguém. Somos um conjunto de pessoas que unidas na caridade chegam ao grau máximo da perfeição (cf. Colossenses 3,14).

A frustração recua em vida útil

O escritor Gabriel Chalita em *Cartas Entre Amigos – Sobre Medos Contemporâneos*, diz: "A doença da alma é mais grave do que a do corpo. Uma alma doente adoece toda a família, uma alma doente acorrenta, estrangula, sufoca, antecipa a morte".

O mais comum, diante do acontecimento que provoca a frustração, é achar que não se estava no lugar que deveria estar, sentir-se injustiçado, responsabilizar alguém ou, ao contrário disso, achar-se merecedor das perdas.

Todo e qualquer tipo de sentimento negativo tem o consentimento, indevido, de direcionar nossos desejos para o lixo, levando-nos a sermos pessoas sem sonhos e sem possibilidades. Esses sentimentos trazem uma consternação diretamente envolvida com os acontecimentos. Os fatos são absolutamente capazes de inutilizar todos os sentimentos positivos e agravar os sentimentos de ordem negativa.

A frustração pode ocorrer em vários níveis ou circunstâncias, tais como frustração diante de fatores que possam ser alterados, como mudança de relacionamento, de curso, de emprego. Nesses casos sempre podemos buscar algo melhor para que encontremos o almejado. Um exemplo é se iniciarmos em um novo emprego e não nos sentirmos bem com ele, isso trará frustração, mas não por longo prazo, pois o emprego poderá ser trocado, e isso pode ocorrer com qualquer pessoa, a não ser que se sinta acomodada, o que a leva a outro tipo de frustração.

Nisso também se enquadram os relacionamentos de compromissos longos, sem promessa de cuidados, "o outro não corresponde ao que eu quero, então não vou mudar", permanecendo em algo com todas as dificuldades, sem sinalizar que precisa de renovação. A decisão parte de quem se sente frustrado. A resistência não pode ser positiva, principalmente se não for ao encontro dos próprios desejos e sonhos. Em algum momento da vida essa pessoa irá se cobrar por ter ficado dentro de uma situação que não lhe trazia conforto interno nem felicidade.

O que pode ajudar nos níveis de frustração é o foco direcionado. Não nos permitamos sair do caminho que estamos trilhando. Não nos percamos de vista. Não percamos de vista nosso principal alvo. Coloquemos no centro o que desejamos, sonhamos e almejamos. Nosso sonho será correspondido se for também um sonho de Deus. Não esperemos que a vida futura nos cobre por nosso passado. Cada momento que vivermos hoje deverá ser bem direcionado, para que não tenhamos problemas com o tempo que há de vir. O presente é o fato certo que temos em mãos e saber como nos dar com ele e com o tempo que vivemos é o melhor que temos a fazer.

Nunca nos permitamos nos culpar pelo passado, mesmo que ele esteja presente na memória. Aproveitemos as frustrações para mudar de caminho se estamos onde não gostaríamos de estar. Mas não permitamos que as frustrações nos desviem do que tanto sonhamos.

Valorizemos a vida e o viver, para não achar que só existem coisas boas acontecendo fora de nossa vida atual.

Pensemos de forma racional e sábia para enfrentarmos os problemas presentes e aceitemos o passado como ele aconteceu, porém, acreditando que o futuro está perto e lá estará sempre o melhor para todos nós.

Cuidemos de nossos sentimentos para não nos afundarmos mais diante daquilo que já parece ser o pior. É necessário saber como lidar com cada situação, pois fará diferença no momento em que o sentimento de frustração estiver mais latente. É preciso saber trabalhar com ela.

Retiremos os excessos e aprendamos com a frustração

O sentimento de indignação diante de um fato frustrante leva-nos a nos perguntarmos sobre todo o contexto. O fator positivo para isso é fazermos as perguntas certas, por exemplo, mediante a traição não questionar o porquê de ter sido traído, nem mesmo questionar por que a pessoa fez aquilo. Fazer as perguntas certas para obtermos as melhores respostas: diante desse fato o que podemos aprender? Qual a maior lição que tiramos diante disso que estamos vivendo? Quantas vezes mais podemos permitir que essa pessoa faça isso conosco?

Entendamos tudo como apenas lições simples. Nada de lições com sentimentos de autocomiseração ou lições com conteúdo duro, abarrotadas de culpas e acusações. Não sigamos essa direção. Utilizemos os fatores negativos ocorridos para tirar o melhor aprendizado. Acontecimentos negativos não necessariamente produzem sentimentos negativos. Muitas boas atitudes são geradas pela indignação e pelo interesse em modificar a realidade e o que pode trazer o bem-estar. O egoísmo afrouxa os laços de proximidade com as lições bem tiradas das situações. Porém, a indignação pode ser o

4. Diante das frustrações na vida presente, a busca pelo sonho de Deus

grande motivador na necessidade de se obter o mesmo êxito, antes esperado em outra situação, ou seja, o que se tem a fazer é ficar indignado no momento certo com as perguntas certas.

Muitas vezes a frustração de um projeto pessoal pode ser superada por um projeto social. O monge Tchin Nhat Hanh, no livro *Vivendo Buda, Vivendo Cristo*, afirma que "quando nos acostumamos a examinar as questões em profundidade, temos o insight do que devemos ou não devemos fazer para que a situação mude".

A vida passada não pode ser um limitador para a vida presente. O futuro está chegando e com boas notícias. Quem pode perceber isso somos nós mesmos, basta identificarmos quem irá ser o portador da boa notícia.

O futuro só pode ser bom a partir da construção do tempo atual. Acreditar no tempo como o melhor para servir a nós. O tempo está a nosso favor se permitirmos que ele nos reconstrua e que faça de cada um de nós uma nova pessoa, libertando-nos de nossos medos e fantasmas. Falta de oportunidade no passado não significa sentença de morte, há sempre um novo tempo, uma nova maneira de reconstruir e recomeçar. O tempo é novo e colorido se nos permitirmos ser feliz, a partir da proposta de vida que temos hoje.

Vejamos no bruto uma joia preciosa. Alquimia deve ser nossa palavra de ordem se nosso passado não apresentou para nosso tempo presente aquilo que gostaríamos que fosse. Transformemos as frustrações em tijolos novos para uma nova construção.

O teólogo Henry David Thoreau disse: "Se você já construiu castelos no ar, não tenha vergonha deles. Estão onde devem estar. Agora, dê-lhes alicerces". Está com cada um de nós a chance de mudar de foco, transformar as frustrações em oportunidades e não permitir que os sonhos não realizados morram. É possível modelá-los para uma nova construção. Sonho é sonho e não podemos desperdiçá-lo, isso é prova de amor próprio que constitui o melhor de nós em nós mesmos e no mundo. Façamos o que há de melhor, vivamos dentro de nossas possibilidades, acreditando que nossa história não é só mais uma, e sim é uma história de vida, que merece o respeito de todos aqueles que leem as páginas do livro de nossa vida. Creiamos que os sonhos estão aí para serem vividos e não somente sonhados. Por isso, frustrar-nos com algo que não aconteceu não é razão de parar, e sim de iniciar o projeto de sonhar mais uma vez e, se for preciso, mais cem vezes até que ele vire uma verdade constante em nosso coração. Deus, que habita em nosso coração, falará sobre esse sonho até que se concretize. Acolhamos os acontecimentos como uma lição, o que parece ser motivo de tristeza é exercício para a colheita de frutos de justiça e paz (cf. Hebreus 12,11), pois é a paz e a justiça que solidificam o homem junto a Deus.

A confiança que não se frustra diante da misericórdia de Deus

O apóstolo Tiago disse que se conhece a misericórdia de Deus pela paciência de Jó (cf. Tiago 5,11). Paulo era judeu, estudioso da lei e das Sagradas Escrituras, conheceu a história de Jó quando ainda era um menino. A vida de Jó está em um dos livros do Antigo Testamento, com o mesmo nome. A história de Jó se dá em torno do sofrimento que começou com todas as perdas que teve. Por ser um homem correto e fiel a Deus, sentiu-se frustrado por ter achado que havia sido abandonado em sua fé. Seus amigos questionavam quais eram seus erros ocultos, mas Jó não os tinham. Porém, diante das circunstâncias que o levariam à revolta e à tristeza, ainda se manteve fiel a Deus. Descansou no tempo da espera junto ao amor que tinha por Deus. Aguardou com paciência o olhar compassivo e misericordioso do Pai a seu favor. A vitória de Jó se deu pelo amor e temor que teve a Deus. E Deus o recompensou por sua paciência.

Essa história pode ter suscitado no coração de Paulo durante toda a sua vida. Não sabemos se de forma consciente soube esperar pela misericórdia no momento de conversão de sua fé ao cristianismo, mas, inconscientemente, essa história esteve presente no momento das frustrações que ele colheu.

Há outro tipo de frustração e essa é a que se encaixa melhor em Paulo. É a frustração nascida diante de uma situação a qual não se pode mudar. Paulo apenas necessitou se adaptar e aceitar que seu futuro era incerto, pois seu passado havia sido marcado por fatores negativos contra os cristãos, e que seu presente estava uma grande confusão. Não havia mais como voltar, o que ele precisava era avaliar de maneira racional tudo o que havia ocorrido. Uma vez que precisava aceitar a realidade, não havia como alterar o passado. Paulo transformou seu passado conhecido em favor do cristianismo. Obteve o perdão pelo passado de perseguição. Correu para o que Jesus havia solicitado e foi atrás daquilo que acreditava, não se importando com o que passou. Viveu suas frustrações no tempo certo e com paciência. Compreendeu qual foi o momento correto para seguir a vontade de Deus e qual era seu propósito para ele. Paulo permitiu-se sonhar com Deus. Em compensação, a partir de sua coragem em enfrentar tudo o que iria vir, Paulo recebeu de Deus a bênção para seguir em frente e ser o novo defensor do Evangelho cristão. Suas feridas, quanto a seu passado, foram curadas; sua vida presente ganhara um novo sentido; seu objetivo, que era ser defensor da lei de Deus, fora atingido da forma mais verdadeira. Deus foi acolhido em definitivo em seu coração e operou nele a melhor obra que poderia. Essa era a reconstrução de um novo coração em um homem marcado por aquilo que em algum momento parecia não ter dado certo. O passado ficou onde deveria ficar. Uma nova vida em sua própria vida foi acolhida e aceita a partir da sua vontade de seguir o caminho de Deus.

Por causa de Cristo, abraçou o entendimento de seus mais duros e negativos sentimentos; permitiu que Deus se utilizasse de suas frustrações para transformar seu ser em um ser em Deus. Satisfez-se em viver cada um de seus sentimentos advindos de suas frustrações de forma a compreender quais eram as lições a serem aprendidas e arraigadas. Distante de uma vaidade espiritual, próximo a uma humildade carnal. Assim, viu em Deus seu grande aliado. Fortaleceu-se em Deus, quando se sentiu fraco diante da frustração de seus próprios sentimentos como de sua própria vaidade (cf. 2Coríntios 12,9).

5

Os medos diante das confusões. A vida se encontra em cruzamentos

O resgate de novas escolhas

Paulo se sente desolado mediante às mudanças. Cego e humilhado dentro de seu período de reclusão, era incapaz de ser compreendido. Sentiu-se injustiçado diante das próprias ações. Afinal, não negara o cristianismo por se sentir uma pessoa ruim, fazia isso porque achara junto aos fariseus a grande razão de sua vida.

O que será que o apóstolo Paulo negou diante de todas as novas circunstâncias? Atitude facilmente reconhecida no ser humano, por mais que tente entender os acontecimentos, o primeiro comportamento da pessoa quando está diante do problema é negá-lo. A negação é uma condição absolutamente humana. Qual o grande mal de negar os acontecimentos? Nenhum. Porém, é preciso sair do sentimento de negação em algum momento e olhar diretamente o problema para entender que ele precisa ser enfrentado e acertado, pois a negação faz com que fiquemos paralisados diante do problema ou dos acontecimentos. O melhor a fazer é colocarmo-nos diante dele e apresentarmo-nos como alguém que realmente deseja superar seja qual for o problema e sua dimensão. Seja o que for, precisa ser atacado de frente. A negação do problema, como se ele não ocorresse, não é solução, é processo apenas de adiamentos.

A primeira situação diante do problema é negar as sensações trazidas por ele, sejam elas a frustração, a tristeza, a culpa, a reclusão e a impotência. Se a pessoa ficar criando monstros, trará um processo de paralisia, ou seja, o problema está ocorrendo, acontecendo junto a uma tristeza que é instalada. Há muitas soluções fáceis e mágicas que fazem com que as dúvidas e angústias sejam aliviadas. Nos dias de hoje tudo pode ser resolvido indo a consultórios médicos. Com a descoberta da depressão, os medicamentos receitados liberam a falsa sensação de que apenas os remédios podem frear nossa tristeza. Na verdade, o que existe é um mix de sentimentos, em que a tristeza é o mais forte. Porém, o melhor a fazer é não nos entregarmos a essa tristeza e não negarmos o problema. Pensemos em vários exemplos, em que pessoas estão com verdadeiros problemas financeiros e não conseguem se controlar em suas aquisições e consumismo, pois preferem acreditar que têm o vício do consumo a identificar que há um vazio em seu ser que precisa ser vencido e preenchido. De qual forma? Buscando a verdadeira essência, ficando livre das amarras, do caminho estreito, da submissão interna, das mágoas ou das ofensas recebidas. Reconhecer os problemas leva tempo, aprender com eles requer paciência e disposição. Reter-nos diante deles é, em algum momento, a única coisa que temos a fazer? Não. Reter-nos diante deles é a única coisa que não deve ser perpétua.

Diante do grande conflito interno, qual o sentimento a ser identificado?

Negar os sentimentos, as situações, as circunstâncias, as fases que devem ser vividas não é frutífero, negar os acontecimentos retarda a solução. Não insistamos em não querer ajuda. Busquemos a verdade diante dos acontecimentos e aproveitemos para resgatar nossos próprios valores e dignidade. Não fujamos de nossos princípios e aceitemos que algo está ocorrendo.

Outro exemplo é o dos dependentes químicos. Quando alguém é usuário de algum tipo de droga ou viciado em bebida alcoólica, o que se tem a fazer é aceitar e enfrentar, sem fugir. E, se isso estiver ligado a um relacionamento que acarreta tristeza, o que deve ser feito é acolher e resolver com a outra pessoa.

Se há problemas de ordem emocional, o ideal está em analisar, entender e enfrentar o sentimento de impotência, a fim de determinar parâmetros para resoluções. Não há problemas, para sempre. Não há problemas sem solução, o que há é a necessidade de entendimento, de enfrentamento e de adaptação aos novos acontecimentos e às novas realidades. Fechar-nos com o problema como se fosse a única razão de uma vida, não pode e não deve ser o melhor caminho, ainda que seja, com certeza, o caminho mais curto e mais fácil, porém o vencedor se reveste da vitória quando enfrenta os problemas.

A viagem ao eu verdadeiro

Outro fator que reivindica atenção, diante de circunstâncias problemáticas, é o movimento dentro do ego da pessoa, sendo ele o que afeta o íntimo da pessoa. Um ego, ou melhor, um egocentrismo, pode trazer problemas de relacionamento quando esse "eu íntimo", inflado, sofre críticas ou reconhece nas atitudes de outra pessoa um ataque a esse "eu" não muito bem administrado. Assim, verificar que há situações em que o ego é atingido e as razões que o fazem sentir-se ferido podem ser, por muitas vezes, a solução para o íntimo magoado.

Paulo era um jovem com um futuro promissor. Dentro de sua religião era considerado um grande orador, com notável cultura. Ele tinha como verdade aquilo que lhe foi apresentado ao longo de sua vida e qualquer coisa que fosse diferente daquilo que aprendeu merecia ser aniquilada. Assim deveria acontecer com os seguidores do cristianismo. Mas como o cristianismo afetara Paulo?

Paulo era vaidoso, recebia elogios por seus prodígios, por sua astúcia e sua inteligência, sabia, dentro de seu próprio íntimo, dentro de seu interior, que tudo o que conhecia não poderia ser vencido por uma nova "religião" que pregava liberdade ética e moral.

Naquele tempo, acreditava-se que todos os que nasciam à margem da sociedade eram merecedores de passar por aquilo. Paulo também acreditava nisso e seu ego avantajado reconhecia que na luta havia uma boa maneira de mostrar sua razão, pois assim teria as glórias de um templo, sendo este composto por um grupo de pessoas semelhantes a ele, e com egos igualmente inflados. O que ele sentiu diante do aparecimento do próprio Messias, questionando-o diretamente sobre suas perseguições? Com certeza seu ego fora ferido. Por colocar sua própria vida sempre a favor de sua espiritualidade e ter nobreza em seu caráter, ele soube contornar seus sentimentos de negação e seu ego ferido.

Classificamos isso como uma espécie de espiritualidade controlada: Paulo tinha consciência de quem era, conhecia as leis de Deus, sabia todos os rituais de purificação do templo. Contudo, o mais importante disso é que ele se conscientizava aos poucos do que agradava ou não a Deus. Reconhecia a misericórdia de Deus, declarava os salmos que pedem clemência para os ímpios e, diante daquele novo cenário, passou a questionar se ele mesmo não era mais um ímpio, ou seja, já se questionara se era ou não um pecador contra a misericórdia de Deus. Paulo pode ter negado por alguns momentos tudo aquilo que vinha fazendo e o que vinha sentindo e, mesmo que tenha negado, percebeu que não era momento para lutar, e sim para reconhecer.

5. Os medos diante das confusões

Em face da negativa do problema, mesmo com um íntimo ferido, devemos entender melhor todas as circunstâncias que circulam em volta da pessoa. Verificar o que pode ser feito dentro de uma análise sincera e fundamentada em verdades. Verdade não é só aquilo que julgamos como nossa verdade. Verdade é também aquilo que traz, dentro de uma situação, desconforto, tristeza, sendo promovida por nós mesmos ou promovida pelo externo. Verdade é a realidade que grita os fatos e os acontecimentos. Reconheçamos a verdade não julgando o que está fora, e sim o que se passa dentro do próprio interior. Foi assim que Paulo se viu diante da verdade diferente daquela que foi estabelecida por si mesmo e por sua religião.

Diante da visão de que a vida está tomando um rumo diferente e está trazendo desconforto, o melhor a fazer é buscar os elementos que fundamentam toda aquela situação. E procurar, por meio do amor próprio e do amor ao próximo, o ideal para todos. É na dignidade divina que encontramos as verdades curadoras. Por exemplo, muitos traçam como objetivo em sua vida um futuro promissor dentro de sua carreira profissional, mas, se aquilo não está trazendo uma completa alegria, por que continuar seguindo esse caminho se ele está adverso a todos os bons sentimentos que envolvem a própria pessoa e sua família? Não continuemos nos servindo de migalhas apenas para alimentar o próprio ego. Do que servirá isso ao futuro se não houver sentimento naquilo que fizemos. Viver por viver, trabalhar por trabalhar, casar por casar, é caminho curto, mas inútil, porém, certo para quem deseja fugir da essência de seu verdadeiro ser.

"A vida é para nós o que concebemos dela. Para o rústico cujo campo lhe é tudo, esse campo é um império. Para o César cujo império lhe ainda é pouco, esse império é um campo. O pobre possui um império; o grande possui um campo. Na verdade, não possuímos mais que nossas próprias sensações; nelas, pois, que não no que elas veem, temos que fundamentar a realidade de nossa vida." (Fernando Pessoa – poeta)

Contrastar com a imagem do contexto

Fecharmo-nos diante da verdade que encontramos a curta distância não é prudente. Isso é uma atitude de comodismo ou até mesmo de covardia que, se prolongada com o problema, poderá futuramente apresentar sintomas de depressão. O correto está em nos posicionar diante dos fatos para enfrentá-los.

Que resultados poderemos ter se ao estarmos diante do problema nos fecharmos nele? Qual o ganho que uma atitude de reclusão poderá proporcionar? Qual é o tipo de sofrimento que sentimos? De traição? De perda? Da separação? Do desemprego? Na exposição de nosso sofrimento, qual é o sentimento mais intenso? De angústia? De saudade? De desespero? De tristeza? Perguntemo-nos qual o tempo necessário que precisamos para passar por esse sofrimento? Qual o tempo necessário para decidirmos sair do período estático da dor? Diante de um problema ter atitude de dignidade nos trará ganho e resultado de superação.

Quando estivermos passando por alguma situação na qual nos sentimos angustiados, sem saída para encontrar uma solução, procuremos uma pessoa confiável, pode ser um amigo ou um profissional. Mas nos obriguemos a fazer uma análise dos sentimentos. Respeitemos todo o processo de dor, mas não permitamos que a dor desrespeite nosso interior. A maior devolutiva que podemos dar a nós mesmos ou a quem provocou nosso sofrimento é permanecermos inteiros. O sofrimento só pode demandar aprendizado, objetivando um único resultado, que é a superação.

O que deve ser feito é buscar a verdadeira fonte de paz para a própria vida, por meio da realização do próprio eu, estando dentro da liberdade moral, de maneira honesta para com todos os que estão envolvidos. Momento de sofrimento é momento para refletir e lapidar os acontecimentos, reconhecendo os erros e fracassos. Observando o que há de melhor no tempo. Aprendamos a superar a nós mesmos, pois o momento de dor é pedagogia para saber conviver com nossos próprios limites. Entendamos o movimento da vida. Ao recolhermos os estilhaços do sofrimento e os juntando, nossas características fragmentadas, encontramos nosso inteiro, com cicatrizes que podem brilhar.

Sofrimentos decorrentes de nossos conflitos são válidos quando percebemos que com eles aprendemos a amadurecer, entendendo o momento como algo que nos ajuda a crescer, empurrando-nos para o caminho do autoconhecimento.

A dor nos faz resgatar o que temos de melhor e que muitas vezes está escondido pelo corriqueiro da vida. Não é somente no cotidiano que nos autoconhecemos. Aprendemos a nos conhecer e a conhecer nosso grau de superação quando passamos pelo sofrimento e pela dor. O sofrimento é o momento em que é possível reconhecer o limite do próprio território, pois é a hora certa de demarcar os sentimentos, os erros e os enganos. Quando aprendemos a nos encantar com o movimento da dor é que extraímos o que há de melhor guardado. É quando a pessoa humana se reinventa para poder superar seus limites e suas dores.

Cuidemos para que nossa vida não seja exposta de maneira negativa. Compreendamos o processo de viver como algo que vai além de uma simples brincadeira. A vida é uma só e já é eterna. Na vida, o processo de alquimia só poderá transformar o que há de pior em algo belo e maravilhoso quando tomada a decisão de se fazer diferente, principalmente se soubermos que por trás de todas as situações há uma grande lição de vida.

Não há pensamento que volte atrás depois de conhecer Cristo

Perseguir cristão não tinha mais sentido, Paulo, na carta a Timóteo, afirma: "Alguns que rejeitaram a consciência naufragaram na fé" (1 Timóteo 1,19).

Ele passou por seu período de negação, apesar de não ter afirmado isso. Mas, como ser humano, ele passou pelo processo natural de negação como todos nós passamos. Sua conversão se deu pelo exame de consciência que teve durante um tempo. Depois de uma experiência profunda de Graça com Cristo, não se volta mais. Assim, ele entendeu que para ser cristão haveria de ter uma nova postura. Quando ainda era um perseguidor, ele sentia ira e ódio. Após seu encontro com Cristo, foi se utilizando da consciência e da própria conversão para não ter mais atitudes agressivas. Em Jesus os sentimentos negativos foram neutralizados.

Paulo, afinal, acabara de conhecer um novo jeito de viver e com uma proposta de vida mais pacificadora. Diferentemente de como se tratava antes, transformou ódio em amor e ressentimento em obediência. Apenas soube que negar não adiantaria, amadureceu seu íntimo, aceitou um novo conceito de vida, entendeu o que separava sua vida anterior de sua vida atual. Havia um abismo, colocado por Deus, entre suas duas vidas. Contudo, não lamentou, apenas reconheceu aquela nova fonte de verdade. Precisou entender que para cada momento de sua vida estava uma nova oportunidade de acreditar em si mesmo.

Administrou seu íntimo sem perder de vista suas virtudes como um homem de Deus. Conhecia sua liberdade moral e que caberia ser imposta naquele momento. Sua coragem e seu temor a Deus já estavam latentes dentro de sua alma. Ele não perderia suas grandes características por razão alguma. Então lhe caberia apenas filtrar suas grandes qualidades e retirar o excesso de seu ego. Soube administrar seu próprio íntimo. Não se sentiu ofendido diante das novas circunstâncias e ficou distante de qualquer pensamento que o levasse à autopiedade. O que fez foi lutar por sua nova vida e pelo ideal que Jesus apresentou a ele. Apresentava-se a Deus, e viver de acordo com seus propósitos era seu ministério. Sua vida sempre fora servir a Deus da maneira mais honesta e verdadeira que poderia haver. Independentemente das circunstâncias, seu coração estava a serviço de Deus. Sentimentos positivos dentro dos problemas elevam o coração acima da pequenez das circunstâncias que se apresentam. Não há problema grande o suficiente se o sentimento de amor for envolvido em qualquer momento.

> "Além disso, irmãos, tudo o que é verdadeiro, tudo o que é nobre, tudo o que é justo, tudo o que é puro, tudo o que é amável, tudo o que é de boa fama, tudo o que é virtuoso e louvável, eis o que deve ocupar vossos pensamentos" (Filipenses 4,8).

Pensar, refletir, acolher e aceitar é umas das atitudes a serem tomadas diante do problema, seja ele qual for e em qual momento for estabelecido.

São João Paulo II, em uma determinada ocasião de sua vida, pede um exame de consciência:

> "O exame de consciência é um dos mais decisivos momentos na vida de uma pessoa. Ele coloca cada indivíduo diante da verdade de sua própria vida. Assim descobrimos a distância que separa nossos atos do ideal que colocamos para nós mesmos".

6

Nas culpas do passado encontramos um presente com boas descobertas

A culpa que descaracteriza e desvaloriza o ser

Cada ser humano tem um tesouro. Escavemos bem fundo e encontraremos a preciosidade de nosso próprio eu. Paulo tinha um passado condenável. Suas atitudes eram, como ele mesmo descreve, de um combatente contra o nome de Jesus de Nazaré. Seu maior erro encontrava-se em passado recente, que latejava em sua consciência. Viu-se agredido por seu próprio sentimento, era muito ódio, muita ira, contra uma mensagem de amor. Apesar de sua desestabilidade emocional, nada era reconhecido por ele como sentimentos negativos. Porém, trazia razões irracionais que o faziam testemunhar e aprovar mortes de cristãos. Assim, fazia com que muitos sofressem a dor do cárcere. Tirava a liberdade de qualquer pessoa, independentemente de agir por religiosidade ou fazer tais atos de maneira inconsciente. Teve de assumir em algum momento que aquilo não era correto. Em seu exame de consciência encontrou a culpa. Sentiu-se envergonhado e constrangido com suas próprias atitudes. Mesmo que seus enganos tivessem fundamentos e alicerces, nada era sólido, pois seus erros tinham tomado proporções que colocavam a vida de outra pessoa em descarte.

Como é conviver com a culpa? Como é lidar com os valores corroídos pela marca que a culpa e o arrependimento trazem? Culpa é o sentimento que, com o medo, paralisa a ação de qualquer pessoa. Distorce o cenário real. Interrompe as ações e as conquistas. Não permitindo que valorizemos a pessoa com seus reais valores, descaracterizando o próprio ser. Tirando dela o título de filho de Deus, trazendo desordem emocional e nivelando a pessoa à mendicância espiritual.

Quantas pessoas não se veem merecedoras de algo bom porque carregam em si o peso da culpa?

Na culpa existe uma exploração de sentimentos de forma errada, pois ela faz com que a pessoa perca a capacidade de sonhar, de se reencontrar e de encontrar seus verdadeiros valores. A pessoa faz a escolha pelo pior, pois para o melhor não há merecimento; pune a si mesma pela própria consciência.

O culpado sempre preferirá o que é menos importante, por medo de sentir-se bem diante de uma escolha que lhe dará certa importância. A pessoa pensa que a felicidade é algo utópico, porque acredita que sua vida deve ter somente tristeza e não merece estar diante de algo que realmente possa lhe trazer felicidade.

Os bons momentos são pontes de lembranças construídas entre o passado e o futuro. E nos maus momentos estão apenas lições, não podendo ser fatores que nos enquadram em uma vida atemporal, isso porque na culpa não se estabelece divisão do tempo, pois passado e presente se fundem, limitando o ser dentro do remorso em um tempo que passou e não voltará.

Com o sentimento de culpa não há metamorfose nem beleza quando se depara com ela. Não há a graça do aprendizado e não há o bem segregado. Na culpa está uma energia que nos paralisa, que não modifica e não nos leva a nenhum caminho.

Quando nos depararmos com os próprios erros, o que deve haver é sobreposição do entendimento racional à condição humana: "Errei e não posso mais voltar atrás, cabe a mim viver em direção ao futuro, cuidando-me para não cometer o mesmo erro".

Pensando em Paulo, fato real é que ele era um perseguidor e depois foi escolhido pelo próprio Jesus para ser o grande precursor do cristianismo. Esse era o sonho de Deus para ele. Porém, para que sua história fosse diferente, ele não poderia ficar lembrando de seu passado com culpa, pois não saberia ser um bom cristão se seguisse esse caminho.

O amor abre os cárceres da culpa

As culpas muitas vezes são movimentadas entre o erro de fato cometido ou por alguma questão mal respondida que a sociedade trata como regra castradora e pecadora.

Independentemente do nível da religiosidade de cada pessoa, o que ocorre com as pessoas que se punem é o medo exagerado de Deus. Ao observarem os escritos testamentários, deparam-se com uma série de regras ditadas. Porém, há uma lacuna que o tempo ainda não preencheu de fato, que é a verdade do indivíduo ou a verdade do individualismo. Com isso, já por muito tempo, Deus é apresentado como um Deus que castiga. O castigo é atribuído a quem tem culpa. Imputado em nós como algo real, nós passamos a acreditar na culpa muito mais do que na misericórdia de Deus. E essa culpa transforma o castigo em crença.

Onde achamos a verdade suprema do que é pecado?

A lista de pecado criada por homens é muito maior do que a criada por Deus. Assim, para compreender sua Palavra, Deus envia seu Filho para levar à perfeição as leis (cf. Mateus 5,17). E seguindo a linha da pedagogia de Cristo, encontramos Jesus em sua perfeita humanidade deixando como mandamento apenas dois, que resumem todos os outros: "Amar a Deus sobre todas as coisas e ao próximo com a si mesmo" (cf. Mateus 22,37-39).

No amor a Deus está todo o sentido da vida. Primeiramente amamos Deus, não porque Ele é Deus, e sim por quem ele é. Sua misericórdia e seu amor preenchem nosso ser com uma nova vida. Em sua misericórdia há apenas uma única direção, que é seu amor.

Fácil? Sim. Amar a Deus sobre todas as coisas é mais fácil quando enxergamos na criação todo o amor de quem a criou.

E no que consiste esse amar o próximo como a si mesmo?

Nos dias atuais, as pessoas se perdem diante dos próprios valores, da dignidade humana e do amor próprio. Também se perdem na falta de amor ao outro, sem reconhecer a grandeza desse sentimento em sua própria essência. Há uma frase de Santo Agostinho que diz: "Ame e faça tudo o que queres". Por amor de Cristo em nós retiramos o peso de nossa culpa. Precisamos entender que muitos de nossos atos são constituídos por falta de amor e, a partir dessa consciência, precisamos compreender que o amor pode destruir todas as más ações. Todo um passado de erro, de enganos, ou até intitulado como um passado de pecados, perde a razão quando se está diante do amor. Na solidez do amor se abre uma vida para novas oportunidades. No amor resgatamos a força de viver e não desistir, seja da vida, como de nós mesmos.

Dissipar a culpa. Dissolver o medo

Pessoas que carregam culpa autopunem-se de uma forma não declarada nem percebida.

Os adultos perfeccionistas apresentam um medo gigantesco de errar. Obrigam-se a serem perfeitos em suas atitudes e em suas ações, exigindo que todos a sua volta se comportem da mesma forma. São severos com os erros e enganos. Porém, nisso não está o amor, aí encontra-se o medo.

Adultos transtornados pela obsessão do perfeccionismo produzem neuroses e culpas, as quais são identificadas como algo permanente e impossível de serem desintegradas. Podem se transformar em patologia, algo que acarreta reações ao próprio físico. O medo de Deus, da humanidade e da vida reflete na pessoa perfeccionista um alguém punitivo, que prefere viver sob a influência do medo a viver por amor.

Regras distorcidas que nos enviam à letargia da vida. O medo de Deus não pode existir, o amor a Deus é libertador, fazendo de nós pessoas de bem com a vida e com o viver.

Acreditar em Deus como quem está acima de todas as coisas é uma escolha da própria fé. Mas acreditar na imagem de Deus como um ser punitivo, sentado em seu trono aguardando ansioso o momento exato de nossos erros para nos castigar é no mínimo uma imagem infantil.

A verdade sobre Deus consiste em enxergar que Deus se fez homem para falar diretamente a nosso coração apenas sobre a lei do amor. Deus é real, e tanto é real que o Verbo se fez carne e habitou entre nós (cf. João 1,14), iluminando toda a consciência humana (cf. João 1,9). Jesus não nos falava de castigo e não nos falava de punição, Ele falava de escolhas. Porém, o que Jesus mais se encantava com a humanidade era a manifestação da fé que cada um demonstrava a Ele. Ao curar muitos, Ele dizia: "Vai, tua fé te salvou", frase simples, sem poder punitivo e de grande libertação. Para Jesus a salvação está na fé e no amor ao Pai.

Hoje em dia, o que encontramos é uma sociedade cheia de regras que pune a si mesma. Não precisa estar nada escrito, as regras são impostas e acreditamos nelas. Assim seguimos com o sentimento de culpa por não alcançar os padrões necessários de felicidade determinados pelo mundo corporativo e pela sociedade atual.

Se não formos uma pessoa bem-sucedida em nossa carreira profissional ou em nossa vida pessoal, somos descartados. Seremos sempre comparados com quem teve sucesso na vida profissional, como parâmetro do que é o correto. Contudo, vale observar o caráter de cada pessoa e não suas conquistas profissionais ou seus bens acumulados, isso é pouco quando se trata de enxergar a pessoa humana com amor e misericórdia.

Nós desejamos ser felizes independentemente de nosso passado? Sabemos qual o caminho que devemos seguir para nos livrarmos da culpa? Desejamos enfrentar o passado e nos livrar do que passou?

Entendamos que a culpa tira o sentido da vida. Faz barulho em nossa consciência e não nos deixa encontrar a paz de espírito, fazendo da vida desencontros perpétuos. Não arraiguemos o viver em solo infértil. Corrijamos nossa gramática oral, retiremos os excessos de "se", o passado não retornará, e para o futuro apenas conjuguemos o amor no tempo presente. O passado precisa ser perdoado e nós necessitamos fazer as pazes com aquele ser que errou e que procura não errar mais, que somos nós mesmos. Encontrarmo-nos após os erros é uma questão de entendimento, mas nos amarrarmos ao ser que errou não trará valor à vida atual.

Sabemos que não repetiremos os enganos cometidos no passado, então nos perdoarmos é o caminho mais produtivo para uma vida de liberdade e amor, e essa vida espera por nós, a fim de poder destruir nossa culpa e nos trazer paz.

O arrependimento é diferente da culpa, pois nos faz refletir sobre o contexto e mesmo assim nos permite viver e continuar nossos projetos. Promove-nos o encontro com nosso próprio ser e faz de nós pessoas realizadas como seres humanos até diante dos erros, permitindo-nos ver que somos passíveis de erros e que nossa responsabilidade não nos deixará passar pelos mesmos erros novamente. Nossos enganos fazem de nós seres humanos mais conscientes de nossas próprias limitações. Permitem a continuidade da vida.

Há um grau máximo de nossa responsabilidade e o chamado de Deus não é castrador, é um ato de amor a nós mesmos e ao próximo durante todas as nossas ações.

Viver a vida consiste em estarmos dentro do parâmetro do amor próprio e do amor ao próximo, seguindo diante dos erros arrependidos, mas sem culpa, sem amarras e sem crenças, apenas com vontade de aprendermos, observando a capacidade de nos livrar das próprias mágoas e dos ressentimentos contra nós mesmos, para adquirirmos um novo modo de viver, defendendo o amor como regra.

No meio da vida pode haver um novo princípio em Jesus

Paulo se livrou de suas culpas, arrependeu-se e soube conjugar o verbo certo, pois ele amou. Acreditou em si como instrumento de Deus e foi chamado para se apresentar e ficar ao lado daqueles que perseguia. Observou a lei dos homens e depois passou a entender a lei do amor. Paulo conheceu Jesus em sua forma mais ampla. Entendeu que o amor de Jesus era libertador e promotor de sonhos e projetos. Aproveitou seu encontro com Jesus para dar a si uma nova oportunidade. Nada teria sido do cristianismo se ele sentisse culpa. Pois assim não seguiria aos distantes territórios para evangelizar. Não sentiu culpa, apenas viu que sua vida anterior não era promovida pela verdade. Decidiu optar pelo amor. Conheceu o amor de Jesus naquele primeiro contato. A partir de Cristo e da verdade que é Cristo, Paulo entendeu que o ódio lhe cegara ao ponto de condenar e aprisionar pessoas.

Paulo não poderia viver se culpando, tinha consciência de sua nova missão, a culpa iria lhe paralisar, iria petrificar seu coração, impedindo-o de promulgar a nova verdade, sua culpa iria paralisar os planos de Deus para ele. Haviam escolhas a serem feitas e elaboradas.

Jesus falou sobre o amor, morreu por esse amor e foi ressuscitado pelo amor de Deus. Essa verdade estava na frente do olhar de Paulo, essa verdade lhe aquecia o coração, fazia-o mover-se para terras distantes e libertar outras pessoas da culpa do pecado oneroso de quem é culpado por homens e não por Deus.

Assim o novo apóstolo experimentou o amor de Deus, arrependeu-se, perdoou-se por seus atos, e entregou sua vida em missão ao chamado de Deus. Não teve medo nem culpa. Teve apenas amor por Deus.

De fato, a tristeza segundo Deus produz um arrependimento salutar de que ninguém se arrepende, enquanto a tristeza do mundo produz a morte (2Coríntios 7,10).

7

Livrar-nos dos apegos que sufocam. Aprender a depender somente de Deus

Os movimentos da vida além das fronteiras do apego

Paulo foi criado dentro da religião judaica. Como fariseu, tinha toda a consciência religiosa de seu tempo e também do contexto político que vivia em sua época. Sabia de todas as facilidades que teria se continuasse sua caminhada em sua vida religiosa. Fora instruído durante toda a sua juventude por Gamaliel, um doutor da lei e membro do grande conselho dos sacerdotes judeus de Jerusalém. Nasceu em Tarso, território hoje da Turquia, criado em Jerusalém, cheio de cultura, falava grego e aramaico. Sua vida apresentava um determinado nível de conforto em vários aspectos. Mas, diante dos novos acontecimentos, em que Deus o chamava para uma nova forma de caminhar, ele teve de aprender a se desapegar de tudo o que a vida lhe proporcionara.

Sobre os apegos correntes em nossa vida temos muitos questionamentos. Como surgem nossos apegos às coisas, às pessoas e a nossos relacionamentos? No que acreditamos quando nos apegamos a algo ou alguém? O apego internaliza um falso sentimento de segurança, estando diretamente relacionado a uma dependência emocional de algum objeto externo.

Após anos de estudos da psicanálise, em que foram avaliadas várias fases do indivíduo, começando desde a infância, percebeu-se que o início da dependência é na primeira fase da vida, quando a criança cria um vínculo emocional com seus pais, porque estes lhe trazem segurança. A criança nessa fase se sente aceita e protegida de forma incondicional. Assim, foi comprovado nesses estudos que a dependência emocional é tão importante quanto a dependência da alimentação. Sendo esses apegos considerados um fator natural.

Esse relacionamento com os pais gera ao longo da vida as várias facetas da dependência, ou seja, as dependências emocionais são desenvolvidas como consequência do relacionamento entre pais e filhos. Quanto mais dependentes do relacionamento com os pais, mais apegados são a eles e a outras coisas que trazem segurança. Vale ressaltar que essa dependência está diretamente relacionada à qualidade do amor que foi recebido nessa fase. Ou seja, é a autoafirmação criada somente por meio do que o outro sente por nós.

Para que a pessoa continue tendo essa necessidade de aceitação e proteção, ao longo da vida desenvolve mais dependência de vários outros tipos, tanto material quanto física ou emocional.

A dependência absoluta traz sérias consequências, porque o indivíduo, ao passar por alguma espécie de perda, não consegue por si só sair da circunstância do desapego, sem que seja gerado muito sofrimento e dor em qualquer espécie de separação. E acaba desenvolvendo reações patológicas, como, por exemplo, a ansiedade, a mais comum delas.

O apego traz ao indivíduo a falsa sensação de um mundo seguro. Se para se sentir mais forte é preciso ter alguém, é necessário primeiro a pessoa entender melhor a ideia de apego e buscar um foco diferente em sua própria vida e no amor próprio que tem.

Observemos que, com a falta de alguém, é natural haver a dor da perda, a saudade, mas não um desdobramento da personalidade e do modo de vida.

Servindo isso também para as coisas materiais. Ter uma vida confortável é o objeto de desejo de todos nós, mas, caso passemos por uma falência ou perda de emprego, o que pode nos restar é reencontrar o caminho que nos leve de volta ao princípio do ideal e ao sonho novamente. Evitemos os constantes pensamentos de perda, pois isso nos trará sentimentos de tristeza e de depressão.

Para que o desapego ocorrido de forma brusca não seja uma fonte inesgotável desses sentimentos negativos, que geram impotência afetiva, é preciso passarmos por um processo de entendimento do apego e do desapego. Apego e amor são coisas distintas. Questionar o porquê dos fatos não é produtivo, mas entender que a melhor forma é enfrentar a dor do desapego e entender que algo deve ser feito para que reconquistemos a paz interior e espiritual.

O que pode ter gerado o apego? Muitas vezes a forma de educar, os excessos de cuidados, os afetos demasiados e a supervalorização do ego de um filho.

Educação sem limites nos pedidos e nas concessões pode criar uma pessoa que estará preparada apenas para viver dentro do próprio quintal, não conseguindo conviver com as pessoas fora do território da própria casa. Viver com pessoas que não sabem falar não é o avesso de uma vida prática e normal. Porém, o inverso agudo dessa situação pode gerar um indivíduo excessivamente inseguro, sempre dependente do outro em sua vida para se sentir alguém. Os excessos desarmonizam as emoções humanas.

Enfraquecer as condições das dependências psicológicas

Outra fonte de apego desenvolvida durante a formação da pessoa são as crenças, que normalmente são criadas por pensamentos apregoados à falsa sensação de veracidade às ideias e conceitos. Pessoas acreditam que tudo o que é dito torna-se verdade, assumem isso como sendo a realidade, sem ao menos se questionarem sobre a exatidão ou não da frase dita.

Quantas crianças são agredidas de forma verbal, pelos pais, educadores, colegas de sala, e precisam se livrar desses fantasmas? Quais as crenças que obtivemos ao longo de nossa vida? Uma pessoa não se acha inteligente porque alguém lhe disse isso na infância ou na adolescência. Assim, carrega isso em seu interior como verdade, pensando de forma negativa quando chega para uma entrevista de emprego ou teste. Alguém que não se acha bonito, porque outras pessoas estabeleceram padrões de beleza que não condizem com ele, acabará ficando de mal com o espelho. Ou mesmo no caso de uma pessoa se achar incapaz de acertar porque alguém dizia que ela não fazia nada certo.

Isso tudo são crenças, que fazem o inconsciente da pessoa repetir as frases malfaladas por alguém que foi descuidado ao interferir em seu modo de agir. O que temos a fazer é entender a fonte das crenças, compreendendo o porquê de elas terem surgido, para que, de maneira saudável, seja feita uma quebra de vínculo com os apegos psicológicos que nos deixaram vulnerável às falsas verdades.

O apego à incapacidade é gerado pelo consciente infantil. Isso foi objeto de estudo de Sigmund Freud, que afirmou que essa incapacidade pode ser gerada por medos incluídos nos discursos da criação. O indivíduo acredita em algo que não conhece e se assegura de que no mundo não há lugar seguro, a não ser que esteja com alguém de sua própria confiança. A pessoa não segue se não for pelas mãos de alguém. Não desenvolve suas vontades para ter a vontade de outro alguém. Tudo isso está relacionado ao medo de ser capaz, transformando de forma concreta o desejo de ser alguém.

De onde pode ter vindo a carência que nos obriga a nos apegar demasiadamente a algo ou alguém? Onde está a capacidade de decidir nossa própria vida, sem que algo ou alguém nos escravize, ditando regras e normas de condutas? Onde nasceu a carência que sentimos a ponto de fazer-nos pessoas desapegadas de nós mesmas e apegadas ao interior de outra pessoa, ou a algum relacionamento pouco saudável, ou até mesmo a objetos e coisas?

As pessoas se cansam de ciúmes exagerados. Perdem a paciência com futilidades. A necessidade de sobreviver a partir da sombra de algo ou de alguém é injusta. Sentir a vida a partir da existência de algo não é vida é transformação nesse algo.

O que pode ser feito quando analisado de forma concisa que a própria vida tem de ter um valor único?

Se temos algum ideal ou sonho não desistamos, apenas acreditemos que o momento de desapegarmos de algo que não nos ajuda a desenvolvermos é uma questão de maturidade. Ninguém resiste por muito tempo às coisas que não estão dando certo. A vida sinaliza o que poderá ocorrer se continuarmos insistindo em sermos alguém que não é para sermos realmente. Os sonhos e ideais vêm ao encontro de quem deseja ser feliz com eles, porém, de forma consciente e para si, e não ser feliz para conquistar alguém ou para mostrar que é melhor do que outro. O segredo está em entendermos que as conquistas são para nossa própria realização e não para tentarmos provar algo a alguém, a não ser que esse alguém seja Deus, neste caso a situação é bem diferente.

Ter um casamento por ter, estar com alguém por estar, ganhar dinheiro apenas para mostrar são apegos que levam as pessoas ao vazio. Após essas conquistas, a pessoa irá se perguntar o que mais poderá ser feito, pois a felicidade será apenas de um momento instantâneo.

Quantos casos há de pessoas que decretaram falência e souberam sobreviver de forma correta, enquanto outras preferiram optar pela morte interior e, como consequência, tiveram, de forma lenta, a morte exterior? Qual o motivo para esse tipo de apego aos bens materiais que a sociedade promoveu e onde a pessoa não pode viver com esse apego ou sem ele de forma saudável? O que a faz achar que sua vida material é mais importante que a própria existência? Qual o afeto que faltou na vida dessa pessoa que a fez buscar por valores inferiores a sua própria vida, valorizando esses bens como algo fundamental e essencial?

O ser humano tem de aprender que não pode viver por uma única razão ou um único motivo. Há vários outros motivos para serem vividos e para serem apreciados. Ninguém está nessa fornalha, chamada mundo, por uma questão de capricho da natureza. Todos têm um ministério a ser cumprido. E o principal está em viver a vida com o melhor que pode ser. O estilo de vida material não pode ser fator determinante para se ter a felicidade profunda. De uma maneira geral, não podemos transformar nossas posses em extensão de nós mesmos ou, até mesmo, tratá-las como a coisa mais importante da vida. Uma hora as coisas se findam.

E como ficaremos quando as pessoas partirem? Quando a saúde acabar ou quando a juventude for embora? Temos de saber fazer as escolhas de forma acertada. Perguntemo-nos o que é mais importante para nós neste momento. Se for algo que o tempo poderá consumir, permitamo-nos fazer outra escolha, pois as coisas têm sua efemeridade e há com elas a capacidade de metamorfosear. Precisamos estar cientes disso, isso é inteligência emocional, equilibrar as coisas com suas devidas qualidades e importâncias. Optemos por Deus, Ele será sempre eterno em nossa vida.

O desapego do amor patológico

Outra fonte de apego, nos dias de hoje, é o amor patológico, conhecido como AP. Reconhecido como uma doença no ramo da psiquiatria, funciona como uma dependência química. Manifestado como um amor exacerbado, provocando danos de ordem moral e física na pessoa. Segundo uma publicação feita na Revista Brasileira de Psiquiatria, a pessoa que sofre desse transtorno acredita que a outra pessoa, a quem se gerou esse apego, fará com que ela própria se livre de sentimentos ruins, gerados por sua incapacidade de ser ela mesma.

Segundo o site do Ministério da Saúde, por meio da atuação do OBID, Observatório Brasileiro de Informações sobre Drogas, o Amor Patológico (AP) gera alguns sintomas visíveis em dependentes químicos: o ato de cuidar do parceiro ocorre em maior quantidade do que o indivíduo gostaria; a maior parte da energia e do tempo do indivíduo é desperdiçada com atitudes e pensamentos para manter o parceiro sob controle; os interesses e as atividades, antes valorizados, como cuidados com a profissão, o convívio com colegas, entre outros, são relegados ao segundo plano; o AP é mantido, apesar dos problemas pessoais e familiares. Mesmo consciente dos danos advindos desse comportamento para sua qualidade de vida, persiste a queixa de não conseguir controlar tal conduta.

A pessoa deve procurar saber e identificar esse amor exagerado, que pouco gerará frutos bons. Em um amor assim, com certeza, as partes ficarão magoadas e machucadas com tanto exagero no apego. Aplicar o desapego é o caminho mais viável para obter a cura dessa patologia.

Acreditemos que o objeto de apego não seja uma causa de idealizações ou realizações. Promovamos vida nova nas formas de viver além do objeto de apego, não colocando toda a energia de afeto nas mãos dessa outra pessoa ou canalizando apenas em uma única coisa. Ramifiquemos os afetos em várias outras coisas, tais como criar novos vínculos, novos prazeres e novas fontes de alegria.

O que fazer quando perdemos aquilo a que nos apegamos?

Se não estivermos preparados para o pior, teremos dificuldade para criar pontes entre a dor e a esperança e veremos que tudo o que fizemos foi criar um cenário de domínio entre nós e a quem tivemos apego. Tentemos criar uma nova rotina de vida, com um novo cotidiano, principalmente se vivemos em função de alguém que não está mais próximo. Tomemos posse de nossa vida e passemos a controlá-la, segurando-a em nossas próprias mãos. Apenas a entreguemos se for para Deus, pois Ele faz, com certeza, o que há de melhor para tornar nossa vida fonte de alegria.

O processo de desapego requer determinação para aprendermos a superar a separação e a desprender-nos daquilo que originalmente traz sofrimento, que normalmente está ligado aos pensamentos de impotência e insegurança. Porém, para esse processo resgatamos nossa vida, dentro do autoconhecimento, reconhecendo quais são nossos reais valores e nossa essência.

É necessário esforço para que nos lembremos de quem somos, gastando a energia precisa, para entendermos o que precisa ser feito a partir de nossas próprias vontades. Não precisamos esperar a perda acontecer para aprender a desprender-nos de alguém, o contexto irá sinalizar se aquela relação é de dependência ou de amor. Saber diferenciar isso é importante.

Analisemos o grau de desprendimento que a outra pessoa tem dentro do relacionamento. Avaliando as duas partes, chegamos a algum ponto comum para saber o que é saudável ou não dentro da relação. Verifiquemos nosso nível de apego, questionando-nos: Há sintomas físicos quando nos imaginamos sem aquela pessoa? O corpo revela dores ao pensarmos em ficar sem a pessoa? Estamos apegados àquela pessoa por qual razão?

Para que haja o desapego, é necessário saber continuar a vida a partir da obra da própria vida, saber assumir que dói, mas que nos resta a esperança e a confiança de que dias melhores estão chegando. Perguntar-nos o que aprendemos com a perda é uma boa maneira de entender o momento do desapego.

Toda hora é hora de viver uma nova vida, trilhar um novo caminho, sem nos perder de vista nem querer repetir aquele cenário de escravidão. O que pode ser eterno em nossa vida antes de nossa morte? O que é incondicional?

Viver a vida em desapego é questão de impor que a própria vida deve estar descongelada e desafixada de qualquer coisa. Entender que é preciso fixar-nos em nós mesmos, a partir da experiência de ser livre para mudar e aprovar um novo cenário.

O apóstolo Paulo sem apego a seus conflitos

Imaginemos a situação, lembrando que ela é fictícia: O apóstolo Paulo estava tão fixado em sua crença e em sua vontade de perseguir os cristãos que, mesmo depois de seu encontro com Cristo, não se sentiu persuadido, preferiu imaginar que tudo se tratava de ilusão, então buscou a perseguição e a prisão de vários cristãos, perdeu a paz e o bom senso.

Isso é o que acontece com quem está apegado a uma vida que não lhe traz paz. Pois, se Paulo sentisse paz em seu movimento de perseguição, teria continuado com seus intentos e não teria desistido de admoestar os cristãos. Porém, Paulo nos mostra que não estava apegado a seus conceitos, estava apegado às ordens de Deus, pedindo que Ele o ajudasse a não se confundir (cf. Salmo 119,31).

Como em todos nós, Paulo também guardava nas profundezas de sua alma a sabedoria de quem reconhece que algo está errado em suas ações. Então, Jesus aproveitou e agiu em Paulo, que, em seguida, desapegou-se do que era velho e buscou uma nova vida. Paulo tinha seus conflitos em relação à vida que poderia ter a partir das novas revelações, embora seu contato com Cristo o fizesse entender a profundidade da verdade de quem realmente é Jesus, o apóstolo sentiu medo. Apesar de seus conflitos internos, Paulo não era alguém altamente vaidoso com sua intelectualidade nem com as condições sociais e religiosas que o circundavam, pois, se Paulo fosse um homem entregue à vaidade, com certeza teria sofrido muito mais com a guerra que estava travada em seu interior. Seus medos não foram suficientes para que ele se apegasse aos sentimentos que geravam confusão. A vaidade retira de nós a condição de escolha, entregando-nos a uma única direção, que é a satisfação do próprio ego.

Paulo trilhou o caminho da paz. Foi batizado com outro nome, deixando o velho Saulo, passando a ser um novo Paulo. Desapegou-se de tudo, não queria nada da vida antiga que lhe trouxesse lembranças de insatisfação e de dependência, de ódio e de ira. Cristo o chamou e ele, de maneira inteligente, entendeu que sua missão não era o apego, e sim a liberdade de viver em um mundo de justiça e amor, distante das preocupações geradas pelo que os outros haviam de pensar sobre suas novas condutas.

Paulo soube, de forma madura e com uma espiritualidade aflorada, desapegar-se do que não estava bom em sua vida; antes, ele morria aos poucos, depois, optou pela esperança em uma vida em abundância.

"Conservemo-nos firmemente apegados à nossa esperança, porque é fiel Aquele cuja promessa aguardamos" (Hebreus 10,23).

8

Entre as confusões e os fatos negativos, afloram a sensibilidade e o entendimento

Sensível aos apelos da razão

Uma nova questão estava sendo estabelecida na vida de Paulo. Ele precisava sensibilizar-se de forma positiva com os acontecimentos e dar a estes a luz do entendimento. Enfim, necessitava apoderar-se de novas ideias e compreender os fatos.

Mediante os conflitos gerados no interior humano, basta habilitarmos nossa forma de observar cada partícula que compõe esse conflito, para percebermos que tudo pode ter outro entendimento, além daquilo que enxergamos. A sensibilidade habilitada ilumina o entendimento.

A sensibilidade aqui explorada é a percepção de ter a receptividade a respeito de algo. Ou seja, diante de pessoas, fatos, ações e emoções, a sensibilidade pode trazer o conhecimento amplo que envolve todo o acontecimento. Não desejando entender os porquês, e sim desejando o entendimento de como transformar os fatos em algo positivo.

Paulo não se converteu simplesmente, seu interior estava sendo sinalizado de que suas atitudes estavam erradas. Seu encontro com Cristo foi o ponto final para acabar com a cegueira espiritual, que já havia ultrapassado seu conhecimento religioso.

A filosofia trata a vida como algo empírico, ou seja, reconhece a vida como um movimento que acredita nas experiências como únicas formadoras das ideias, discordando, portanto, da noção de ideias inatas, atribuindo apenas à experiência a origem dos conhecimentos. Assim, até mesmo a rotina da vida trará a nós, quando questionada, experiência sobre como agir diante dos fatos. Nossos conhecimentos e entendimentos não nascem conosco, são adquiridos ao longo da vida e das experiências percebidas.

Um filósofo chamado John Locke aprofunda-se na necessidade de entendimento da vida, dos fatos e de si mesmo, quando em uma frase afirma: "Um líder não pode liderar sem saber para onde está indo". Aplicando essa frase à vida individual, chegamos à pergunta: qual é o porto seguro de cada pessoa? Quando esse porto não está próximo e sentimos que o barco está afundando, o que se faz necessário para que sobrevivamos, no caso de um naufrágio?

A sensibilidade diante dos problemas presentes torna-os resolúveis por meio do entendimento, ou seja, não é preciso ficarmos observando um passado para adquirirmos forças para uma vida presente. Não precisamos ficar congelados somente no entendimento de algo que passou. O presente, bem analisado, sinaliza a melhor direção.

Deve haver uma transformação dos problemas em lição, para fazer valer a vida pelo simples fato de que nos é necessário viver a vida presente. Comecemos entendendo os sentimentos. O ser humano é racional e capaz de mudar sua forma de pensar. Mudemos nossos entendimentos de acordo com as circunstâncias que

8. Entre as confusões e os fatos negativos...

rondam nossa vida. Para entendermos melhor os fatos, necessitamos nos distanciarmos da vida antiga que estava sendo proporcionada. Mesmo que essa vida estivesse longe de qualquer tipo de sofrimento e nossa vida atual mostre um determinado nível de desconforto, sendo de ordem emocional ou material, é necessário um tempo para compreendermos os novos fatos, sem compararmos o presente com o passado.

O processo de ser pessoa requer saber quem somos e sensibilizar-nos com a nova condição de vida. Para isso basta enfrentarmos os conflitos e os medos a partir de nosso próprio entendimento.

Um filósofo alemão chamado Immanuel Kant, 1724-1804, definiu como a sensibilidade pode trazer frutos a nosso entendimento quando adquirido:

> Se chamamos sensibilidade à receptividade de nosso espírito em receber representações na medida em que de algum modo é afetado, o entendimento é, em contrapartida, a capacidade de produzir representações ou a espontaneidade do conhecimento.

Não há problemas em dar um novo entendimento à vida. Não vejamos problema em mudar de ideias e ideais. O constante da vida é a inconstância. Olhemos e definamos o que está acontecendo, para que possamos tomar um novo rumo e novas decisões. As decisões acertadas provêm de compreender o que está se passando, o que estamos sentindo e, a partir daí, promover uma nova história.

O ser humano tem princípios práticos completamente opostos. Diante de circunstâncias parecidas, sobram atitudes diferentes. Independentemente da formação educacional, das diferenças culturais, sociais, de personalidades, tudo está ligado a seus interesses. Não há razão para desespero, os acontecimentos são clássicos e requerem sabedoria. Estar sensível a todas as diferenças coloca a pessoa em um nível de tranquilidade até mesmo em tribulações.

A vida nos convoca a ter uma nova atitude, com outro comportamento, isso é processo humano de evolução. Ninguém evolui se não for a partir do entendimento e da compreensão dos fatos e das ações.

Concordar com os acontecimentos. Aceitar os fatos

Não basta criar imagens de sobrevivência diante das coisas ruins, é preciso coragem para assumir e enfrentar. Se os fatos proporcionam uma vida cheia de altos e baixos, observemos que os acontecimentos inconstantes e impérvios fazem parte do processo de vida de todo mundo.

Construir um novo cenário para mudança de rota de forma coerente e sensata é admitirmos o que somos e o que sentimos. Precisando recolher tudo para obtermos o conhecimento necessário que nos fará mudar para uma nova vida.

Lembremo-nos de que não há certo ou errado quando tomamos decisões com coerência; as regras e as condutas são distintas quando se trata de comportamento humano, o certo estará ao lado de quem sempre promove o bem e não prejudica as pessoas. Procuremos estar de bem conosco e com os outros. Podemos estabelecer regras de conduta com aquilo que deu certo em nossa vida e que não prejudicou pessoas. Mas, quanto à conduta que gerou como consequência fatos ruins, sejam elas suas ou não, estabeleçamos a ideia fixa de não as repetir.

Todos nós precisamos de um tempo para entender, necessitando parar o tempo e perceber o sabor das coisas, sejam amargas ou doces. Será necessário pararmos para sentir o gosto. Não compreendemos nenhum fato se houver pressa. Fiquemos em silêncio para ouvir o que nosso próprio interior nos fala sobre os sentimentos daquele acontecimento. Nosso coração clama para ser ouvido e somente um tempo de qualidade é necessário para ouvirmos a voz do coração, que anda sufocada por não conseguir ecoar dentro de nós o que ele está querendo nos falar, alertar e dizer. Procuremos ouvir a voz do coração, é de lá que Deus fala conosco. Paremos e perguntemos o que é preciso enxergar com essa nova realidade. Faz-se necessário relatarmos os sentimentos, para que a vida passe a ter um novo formato. A realidade pode parecer dura em algum momento, mas é preciso estarmos sensíveis aos acontecimentos para dar um novo foco a tudo. O espelho reflete a realidade, mas nem sempre enxergamos isso quando estamos diante dele, pois enxergamos aquilo que nossos olhos querem ver.

Quantos de nós nos machucamos quando encontramos pessoas descomprometidas com suas verdades? Quanta falsa ilusão diante de pessoas que parecem enriquecer nossa vida com sua presença e depois roubam nossa paz interior? Como podemos entender melhor os acontecimentos?

Muitas vezes ficamos cegos diante das circunstâncias, porque observamos as coisas diante do que sentimos e do que queremos ver. Mas é preciso soltar algum tipo de pensamento, que distorça a realidade, para entender o que ocorre, faz-se necessário um processo de desqualificação do antigo entendimento para qualificação de um novo entendimento. Passemos a observar as coisas com outros olhos, com mais humanidade, com mais sensibilidade.

Enxerguemos o que está além das aparências. Isso porque julgamos o comportamento humano observando a forma como a pessoa se comporta. Ajudará se pudermos entender melhor o comportamento de alguém, se olharmos as coisas com mais misericórdia, observando as pessoas a partir da criação que tiveram. Olhemos os fatos com os olhos da alma. Entendamos pela pureza do coração, assim ganharemos força para enfrentar os problemas e as pessoas.

Desenvolver nosso entendimento humano

Diante de uma traição, a pessoa chega ao extremo de tentar achar uma maneira de vingar-se da outra pessoa é considerado o caminho mais baixo do racional humano. Poderá até ser o mais fácil, mas ninguém precisa estar no mesmo nível sentimental do outro para se livrar do sentimento de fracasso.

Retiremos algo de positivo daquele instante, independentemente de qualquer coisa. Observemos que poderá haver fonte de amadurecimento até mesmo quando alguém nos trai. Aquele momento não foi bom, mas nos fez crescer como pessoa. Não fiquemos buscando respostas curtas para as ações do outro. Compreendamos nossos próprios sentimentos.

A feitura humana elabora-se a partir do processo de fortalecimento. O tempo nos fará entender que a traição recebida deve estar nas folhas da vida e elas deverão ser podadas. Não as coloquemos próximas à raiz, pois nenhum fato ruim deve ser enxertado na raiz de nossa vida. Na raiz de nossa vida está nossa maior essência, é onde se encontra a dignidade divina. Transformemo-nos para uma nova vida, não criemos espaço para que coisas negativas fiquem fazendo estadia por longo tempo. Não há angústia e tristeza que sobrevivam a um entendimento de uma vida com sentimentos bem pautados e elaborados. Perguntemos a nós mesmos: quais os fatos que nos preservam e os que nos destroem? Cada um desses pede um entendimento diferente conectado a fatores diferentes. O que nos faz menos pessoas neste momento? O que nos faz sentir menos amados neste momento?

Observemos todas as respostas devagar e, se for acontecimentos que envolvam outras pessoas, entendamos que precisamos nos libertar do que nos prende a esses fatos. Abramo-nos para compreender que nem tudo é como parece ser, o sol aparece até no inverno, mas não aquece. Pensemos no que abrasa nossa vida e no que nos faz sorrir. Qual o sentimento que nos liberta nesse instante ao pensar nisso?

Se nossa sensibilidade está ofuscada pelos acontecimentos da vida, então nos acaloremos com a abertura do coração a novos sentimentos, entendamos que nossos sentimentos precisam se manifestar.

Uma nova fonte de vida irá escorrer em abundância se nossos sentimentos estiverem prontos para serem praticados, assim a sensibilidade faz luz ao entendimento dos novos conceitos para as emoções. Olhemos em volta e vejamos as várias almas calejadas pela dor. Não nos encontramos sós, e muitos precisam de nossos bons sentimentos para que possam descarregar de suas almas o que não está bom. Em algum momento nos restará entender e compreender que podemos ser pessoas melhores se não permitirmos que pessoas sejam invisíveis a nossos olhos.

Não irracionalizemos o relacionamento com Deus

Paulo procurou obter o entendimento. Sensibilizou-se com os acontecimentos e buscou, entre todos os sentimentos negativos que sentia, observar qual seria o passo correto a ser dado. Entendeu qual era a mensagem cristã. Aceitou o convite de Jesus Cristo. Assim, optou por viver de forma clara como todo cristão. Vivendo dentro dos novos acontecimentos para que pudesse acolher um novo sentimento de paz para aquela vida que acabara de ser transformada. Sentimentos negativos irracionalizam nosso relacionamento com Deus.

Os novos entendimentos farão de nós pessoas melhores com novos ideais. O entendimento dos fatos enriquece a alma com um novo conceito de vida e com uma nova proposta de vivência. Relativizemos os fatos e observemos o que há de melhor e o que há de pior, onde nos encaixamos dentro dessa situação, a que realmente pertencemos, ao bem ou ao mal? Claro que a resposta é única, pertencemos ao que é bom, dentro do conceito humano que Deus criou em nós.

Qual é o entendimento essencial para as novas circunstâncias? A pior mentira que podemos contar é aquela que falamos para nós mesmos. Isso a partir da crença de acreditar que somos alguém que não somos, transferindo essa mentira de ser alguém para a vida real, vivendo isso como verdade absoluta. Esses são os maiores enganos aos quais podemos nos sucumbir.

Ficando somente no superficial, a vida nos trará um mau entendimento dos fatos, ou seja, o conhecimento obtido não terá fundamento. Se nos entregarmos à vida como uma preguiça humana, podemos ser vistos e cobiçados apenas por olhares fúteis e frívolos, não havendo comprometimento de amor, e sim apenas sentimento de interesse. Estar na superficialidade é viver sem vínculo, acreditando que tudo funciona como destino. Precisamos aprender a viver ultrapassando as fronteiras do entendimento aparente, reconhecendo a verdade real. Com um novo conceito da vida, busquemos preservar a paz interior. Albert Einstein, um grande físico alemão, disse: "A paz não pode ser mantida à força. Somente pode ser atingida pelo entendimento". Podemos aplicar essa frase em todo contexto de paz. Porém, dentro do entendimento interior, a paz é adquirida a partir do encontro de nossos limites com nossos esforços interiores.

Entender o que somos, no momento em que estamos passando por algo, é a chave para obtermos a tranquilidade e aniquilarmos os pensamentos de ruínas. Façamos a vida transcorrer pela estrada de entendimento e percorramos a paz interior durante todo o nosso viver.

Deus nos faz um apelo, para que possamos viver dentro da vida cristã é preciso termos a consciência livre das amarras e dos julgamentos e é preciso termos um coração puro para nos adaptarmos, de maneira racional, aos sentimentos inerentes aos fatos ocorridos. Observemos que o entendimento nasce dos contrários que a vida proporciona, às vezes são os fatos alheios as nossas vontades que trazem o sinal aberto para prosseguirmos a vida de forma consciente, responsável e madura. Isso é o mesmo que carregar a cruz, mas com Cristo sabemos que seu jugo é suave (Mateus 11,30).

Apenas a presença constante de Cristo em nossa vida faz com que nosso entendimento vá além de nossa própria experiência, felicitando-nos com sabedoria e entendimento (2Timóteo 2,7).

9

Na confiança em Deus, curamos a fé com a razão

A fé na dimensão humana

Paulo era um fariseu com muita fé em Deus. Mas essa fé o deixou envolvido com as mensagens negativas, buscava a verdade, acreditava na vinda do Messias, mas não acreditava que o Messias seria Jesus de Nazaré.

No encontro com Jesus, o Cristo, a fé cristã foi compreendida e acolhida, então ele soube que era o momento de buscar a cura de sua fé. Assim, buscou a Deus com uma nova proposta de vida. E seu interesse pelo cristianismo o religou ao Pai, um novo conceito de fé surgiu em seu coração. Ele sentiu-se livre para amar a Deus, sem preconceitos e julgamentos.

A fé de Paulo foi estabelecida com conhecimento de uma doutrina. Ele sentia um temor ao Deus de Israel e até poderia estar sensível para entender seu amor, mas não sentia sua misericórdia e sua compaixão. Pensava que Deus estava sempre pronto para condenar e castigar. Contudo, assim era seu olhar ao próximo e a todos aqueles que estavam à margem da religiosidade, pois eram alvos de julgamentos.

O que é a fé? É sentir afeição a algo em que se acredita, mesmo sendo esse algo uma hipótese. Porém acredita-se que esse algo hipotético seja uma verdade; no dicionário encontramos a seguinte definição de fé:

> Fé (do Latim *fides*) é a firme opinião de que algo é verdade, sem qualquer tipo de prova ou critério objetivo de verificação, pela absoluta confiança que depositamos nesta ideia ou fonte de transmissão.

A dimensão da fé não está restrita apenas ao grau de religiosidade, ligada às práticas de missas assistidas, novenas realizadas ou apenas na crença de que Deus existe. A fé em Deus nos exige muito mais.

A fé em Deus pede confiança plena, dentro de um relacionamento íntimo e de amizade com Deus, que é Pai. O exercício da fé inicia quando há a entrega nas mãos do Pai daquilo que não estamos compreendendo muito bem ou na entrega daquilo que está fora da possibilidade humana de ser alterada. A fé em Deus, em algum momento de nossa vida, pode até sofrer quedas, em outros momentos terá uma curva ascendente. Mas, independentemente de como ela se encontra, a fé sempre nos provoca um sentimento de conforto e de esperança. E é desse sentimento de esperança ancorada na fé que não podemos nos distanciar. Nossa condição humana nos favorece em relação a nossa crença, principalmente quando pensamos que há alguém acreditando em nós e que está junto de nós, sendo esse alguém Deus Pai. Porém, nossa fé pode até ter questões sobre os acontecimentos que ocorrem a nossa volta. Mas devemos nos esforçar para restabelecer um elo mais piedoso no julgamento que fazemos de Deus, quando supomos que Ele desistiu de nós.

"A melhor maneira que o homem dispõe para se aperfeiçoar é aproximar-se de Deus" (Pitágoras).

O vínculo com a fé reconhece o sacrifício de acreditar sem nos acomodarmos em uma verdade qualquer. O que não pode ocorrer é nos satisfazermos com respostas rápidas e descomprometidas com as provas, ou seja, ao questionarmos sobre a fé em Deus cabe a cada um de nós procurar por algo que vai além do que o momento presente nos responda, e também além do que a quase certeza pode mostrar. A virtude de se viver na fé é a marca de quem entende que ela não se sustenta apenas em alicerce raso, mas dentro de uma reflexão desenvolvida sobre a profundidade dos acontecimentos concretos. A fé nos faz enxergar além do que os olhos humanos podem ver. Não há provas suficientes que compõem uma verdade sobre a fé em Deus, mas há mais evidência sobre a presença de Deus em nosso meio do que o contrário. Vale aprender que o entendimento da fé pode nascer de um racional eficaz quando acompanhado do dom do discernimento, com uma simples vontade de viver junto a Deus.

O psicanalista C. G. Jung não perdia sua confiança em Deus de vista. Porém, sempre investigou as ações da fé, procurando entender tudo o que envolvia a conjugação do verbo crer, e nelas as consequências do processo psicológico, chegando a afirmar em seu livro *Memórias, sonhos e reflexão*, publicado pela Editora Vozes, no Brasil, que:

> Aquele que nega (a fé) avança para o nada; o outro, o que obedece ao arquétipo (o imaginário), segue os traços da vida até a morte. Certamente um e outro na incerteza, mas um vai contra o instinto, enquanto o outro caminha com ele, o que constitui uma diferença e uma vantagem para o segundo.

O consciente humano era o objeto de estudo de C. G. Jung. Para o psicanalista, o ser humano precisa expandir suas reflexões, não limitando o mundo apenas aos olhos ou ao que se parece. E ainda conclui que viver pela fé é seguir a própria natureza humana.

A fé na plenitude da graça do tempo

A fé tem seus mistérios, se não houvesse estes, sairia da condição da fé, passaria para a condição da certeza. Mas esses mistérios são muito mais aflorados quando entendemos que a fé está casada com a esperança. A fé traz a graça da espera, disposto por um mistério, de que só consegue entender quem realmente a vive, acreditando que algo bom há de acontecer a qualquer momento.

Fé em Deus é esse tempo de espera, de que tudo ficará bem, de que tudo ainda irá melhorar. Tempo de preparo, desprendendo-se dos valores materiais e partindo para a evolução espiritual de cada ser. A compreensão do mistério da fé está em viver no desprendimento, acreditando que a cada instante algo fora do natural pode se mover.

Paulo sabia que, para muitos que estavam ouvindo suas palavras, o entendimento sobre como viver uma vida mais harmoniosa com a presença de Cristo seria difícil se fosse algo apenas verbal.

Embora Paulo já tivesse passado pelos portões da fé, somente quando se encontrou com Cristo obteve uma certeza: suas pregações nada poderiam fazer de concreto, se não despertassem nos fiéis a esperança. Assim, em sua carta aos hebreus, contribui com uma definição esperançosa do que seria a fé: "A fé é a garantia dos bens que esperamos, a certeza das coisas que ainda não vemos... Pela fé é que sabemos que o universo foi ordenado pela palavra de Deus, de forma que o mundo visível não procedeu de outras coisas visíveis" (11,1.3).

Por meio da experiência de Paulo, podemos compreender que a fé nasce, muitas vezes, de nossa própria vivência ou dos acontecimentos com outra pessoa. Mas o despertar da fé deve ser algo suave, nada avassalador, para não incorrer no risco do fanatismo.

A fé busca, por caminhos seguros, aquilo que se encontra insólito. Tentamos administrar os sentimentos feridos por ocasiões inerentes ao mundo atual em que vivemos e, nessas ocasiões, sofremos abalos, mas cabe ao fiel saber que, em tempo de dor, aprende-se que a graça da esperança é o melhor caminho, não em algo que se engana, mas em algo que se confia.

Com a fé, tudo passará e será possível viver a experiência de se tornar uma pessoa mais forte, quando centrada na vontade de lutar contra a aflição angustiante. A fé se habilita quando, na dor do sofrimento, a pessoa resolve entender que aquele processo decantado a tornará mais pura.

Nos dias atuais, parte da psicologia transformou todos os transtornos do comportamento humano em patologia, tentando apenas entender os acontecimentos ocorridos ao ser e medicá-los. Porém, ao se aprofundar na fé, o ser humano encontrará em si mesmo um indivíduo que, quando está livre de seu passado, sabe fazer as escolhas acertadas que o promoverá a uma vida saudável, sem as sombras de suas dores.

Colocar a fé acima do momento de dor é uma questão de coragem e atitude; "meu sofrimento é grande, mas minha fé é maior". Entendamos que a fé está em fazer da esperança uma promotora da vontade de vencer. Observe que tudo pode ser mudado se houver uma ideia certa de que o momento de dor e sofrimento será alterado pela força de quem está convicto de que o tempo da graça de Deus está chegando. Afinal, fé é a graça de um tempo que chega com boas notícias, acompanhada da esperança de que Jesus está vivo pela ressurreição e se aproxima para também nos retirar do vale da escuridão.

A fé e a razão

São João Paulo II em sua Carta Encíclica *Fé e Razão*, datada de catorze de setembro de 1998, projeta a evolução da razão em favor da fé. Em muitos trechos da Carta, ele aguça o fiel a entender melhor a fé a partir de uma razão coerente e sensata, à luz de um espírito vivificador: "No acreditar é que a pessoa realiza o ato mais significativo de sua existência".

Onde mais alguém pode encontrar resposta para a existência de sua própria vida, se não for a partir do mistério da fé? Onde mais podemos achar o sentindo para este mundo, se não for à luz da fé clarificadora? Como pode ser suportado o sofrimento, se a fé não estiver estabelecida no recôndito de nossa própria humanidade? Onde encontrar força para as dores, se o espírito estiver anêmico de fé?

São João Paulo II ainda continua:

> A fé aperfeiçoa o olhar interior, abrindo a mente para descobrir, no curso dos acontecimentos, a presença operante da Providência... – A mente do homem dispõe seu caminho, mas é o Senhor quem dirige seus passos – (Provérbios 16,9). É como se dissesse que o homem, pela luz da razão, pode reconhecer sua estrada, mas percorrê-la de maneira decidida, sem obstáculos e até ao fim, ele só o consegue se, de ânimo reto, integrar sua pesquisa no horizonte da fé. Por isso razão e a fé não podem ser separadas, sem fazer com que o homem perca a possibilidade de conhecer de modo adequado a si mesmo, o mundo e Deus.

Qual é o lugar da fé em sua vida? Qual é a qualidade de seu relacionamento com Deus?

A maior cura que podemos receber é a cura da fé. Uma fé curada faz a pessoa ser movida pelas mãos de Deus sem desejar muito saber em qual direção está indo. A fé possibilita olhar para a história e ver que Deus habita na história desde sempre, sem nunca ter deixado de participar da caminhada da humanidade. A fé aparece no discernimento que temos como dom recebido de Deus. Deus implora por um relacionamento mais puro, mais limpo, mais cheio de vida e de amor. Ele aguarda uma vida de fé mais saudável, onde o Pai Eterno possa atuar como um Deus verdadeiro e não como um velho conhecido, chamado apenas para satisfazer desejos.

O exercício da fé pela razão humana surgiu por meio da figura de Cristo, por meio da humanidade de Deus em seu Filho, no qual nos deixa um Evangelho direcionado para pessoas e não para regras.

O emérito papa Bento XVI, assim como seu antecessor, o saudoso São João Paulo II, sempre nos leva a refletir sobre a questão fé e razão: "A fé reta orienta a razão para abrir-se ao divino, a fim de que ela, guiada pelo amor pela verdade, possa conhecer Deus mais de perto". E continua: "Deus não é um objeto da experimentação humana. Ele é Sujeito e se manifesta somente por meio do relacionamento pessoal, fazendo parte da essência de cada ser humano".

Suas afirmações nos fazem refletir sobre qual é o tipo de relacionamento que desejamos ter com Deus.

Deus deseja ser experimentado, para isso devemos ter a plena consciência que Ele se faz presente em nossas vidas através do amor que existe em nós por Ele e do amor Dele por nós.

> o amor quer conhecer melhor àquele que ama. O amor, o amor verdadeiro, não nos faz cegos, mas videntes. Desta forma parte precisamente a sede de conhecimento, de um verdadeiro conhecimento do outro (Papa Bento XVI).

O encontro de Jesus Cristo com Paulo mostra ao novo apóstolo que havia outra maneira mais concreta de se viver a fé. De forma que tudo ficasse mais humano.

No oposto do caminho que perseguia é que notou uma forma livre de se viver a fé. De uma maneira que ele sentisse um conforto dentro de sua nova razão. Seus motivos para ele eram nobres, e pessoais, porém passou a entender o concreto do Evangelho quando percebeu que seu chamado era para ter uma vida de amor, sendo de amor a Deus e de amor ao próximo.

A partir daquele Cristo que conheceu, Paulo entendeu que onde havia ódio não poderia haver fé. Deus não poderia agir na raiva. Deus só agiu no amor, longe do amor Ele não estaria presente. Para completar o encantamento que a fé pode proporcionar quando a assumimos, a Carta de São João Paulo II, citada acima, sabiamente afirma:

> os homens, por meio de Cristo, Verbo encarnado, têm acesso ao Pai no Espírito Santo e se tornam participantes da natureza divina. – Concílio Vaticano II – *Dei Verbum* 2. Trata-se de uma iniciativa completamente gratuita, que parte de Deus e vem ao encontro da humanidade para a salvar. Enquanto fonte de amor, Deus deseja dar-se a conhecer, e o conhecimento que o homem adquire d'Ele leva à plenitude qualquer outro conhecimento verdadeiro que sua mente seja capaz de alcançar sobre o sentido da própria existência.

São Tomás de Aquino afirma, na Suma Teológica, que Deus é o princípio de todas as coisas, que à luz da razão a existência de Deus é comprovada, por meio da natureza que demonstra a sabedoria divina e sua participação neste mundo.

São Tomás de Aquino nas cinco vias deixa sua colaboração para o entendimento correto sobre Deus, e na última via está a organização de um mundo racional:

> 5ª via – Inteligência Ordenadora. Existe uma ordem admirável no Universo que é facilmente verificada, ora toda ordem é fruto de uma inteligência ordenadora, não se chega à ordem pelo acaso e nem pelo caos, logo, há um ser inteligente que dispôs o universo na forma ordenada. Com efeito, aquilo que não tem conhecimento não tende a um fim, a não ser dirigido por algo que conhece e que é inteligente, como a flecha pelo arqueiro. Logo existe algo inteligente pelo qual todas as coisas naturais são ordenadas ao fim, e a isso nós chamamos Deus.

Nessa 5ª via, São Tomás concorda com Santo Agostinho quando este afirmou:

> Deus soberanamente bom, não permitiria de modo algum a existência de qualquer mal em suas obras, se não fosse poderoso e bom a tal ponto de poder fazer o bem a partir do próprio mal.

Assim, à infinita bondade de Deus pertence permitir males para deles tirar o bem (Gênesis 50,20).

O mal é ideia do homem, não de Deus. Ele, que deu ao homem o livre-arbítrio e pôs em marcha seu plano para a humanidade, não interfere continuamente para tirar do homem o dom da liberdade. Se o inocente e o justo têm de sofrer a maldade dos maus, sua recompensa no final será maior, seus sofrimentos serão superados com sobra pela felicidade futura.

A fé e a razão são companheiras, afinal a fé verdadeira em Cristo salva quem acreditava na plenitude da graça em Sua presença divina.

A fé é uma decisão e Paulo soube colocá-la no momento certo, e sem delongas o fez quando encontrou Jesus de Nazaré. A dimensão de sua fé em Cristo inaugurou Deus em seu ser.

10

Encontrar a vontade de viver diante dos sentimentos

Os sentimentos congestionam-se

Paulo tinha seus planos e ele procurava satisfazê-los. Naquele momento, quando se dirigia para Damasco o que tinha em mente era prender o maior número de pessoas adeptas à doutrina de Cristo. Porém, viu-se diante de uma situação inusitada. O Jesus ressuscitado apareceu para ele.

O que poderia significar tudo aquilo? O que poderia ser aquela luz, aquela voz, convidando-o para mudar de vida?

Em seu momento de reclusão interior, viu-se com suas emoções congestionadas por novas informações. Como poderia um homem que perseguia pessoas por causa de uma doutrina participar dessa mesma doutrina? Como ele poderia receber credibilidade se havia mudado de caminho, mudado de lado?

Diante do impasse em mudar de vida, a mudança de atitude trará uma série de desconforto a todos os envolvidos com nossa vida. Muito comum nos sentirmos como Paulo, podendo ser considerados insensatos, isso porque em algum momento resolvemos trilhar o caminho de outra forma, e resolvemos mudar de atitude na sede de ter uma vida compatível com a felicidade e a paz interior.

Os conflitos nascem também de nossa própria avaliação, quando chegamos à conclusão de que algo precisa ser mudado. As pessoas se sentem presas exatamente pela falta de coragem para mudar, ou apegadas a algum tipo de comentário que outras pessoas podem fazer sobre ela. A ideia principal, quando se está diante de seus próprios conflitos, é acreditar em si e em seu novo projeto de vida, isso acumula força para se mudar de atitude.

Observemos nossa própria vida. Antes de qualquer coisa, a vida atual que estamos levando é o tipo de vida que desejamos para nós? Se pudéssemos escolher e mudar de vida, que tipo de vida escolheríamos? Se pudéssemos escolher algo para retirar de nossa vida o que seria? Quais são os excessos que nos prendem a essa vida atual? Quais são os projetos que desejamos despejar em nossa vida nova?

Pensemos nas respostas que daríamos para todas essas perguntas, e pensemos se estaríamos preparados para perder algo de nossa vida atual. Pois, no momento em que se faz uma mudança de atitude, algo se perde; mudança de atitude requer coragem e desprendimento.

Utópico pensar que tudo será felicidade sempre, mas não é utópico poder mudar de vida quando não se está feliz com suas próprias ações, ou com algumas ações advindas do outro que torna a vida sem sabor.

Por atos de irresponsabilidade diante de nossas emoções, o que mais ocorre, nos tempos atuais, é o aumento de pessoas adquirindo doenças por conta de seus sentimentos negativos, acumulados por uma vida que não está no trilho certo. Assim, elas seguem para o lado oposto ao que deve ser seguido.

Confie que seu limite é você quem faz. Descubra suas verdadeiras emoções diante de acontecimentos ruins que lhe absorvem e com cada um deles poderá perceber que todo e qualquer sentimento poderá sofrer mutações se você estiver disposto a lutar contra esses sentimentos que não lhe ajudam a progredir.

Por onde começo essa luta contra os sentimentos? Onde busco força para mudança de atitude, sem que achem que sou uma pessoa à beira da loucura?

Essa busca inicia-se em Deus, no relacionamento com Jesus Cristo no meio de nós, sabendo que o melhor de nós está nele, e vem dele. Essa coragem de mudar de atitude nasce do desejo de nos encontrarmos com Deus, de forma pura, conscientes que Ele quer o melhor para cada um de seus filhos.

O teólogo Leonardo Boff disse:

> O ser inteiro mas inacabado busca acabamento e completude. Nesta busca encontra Deus. Deus é o nome para simbolizar aquela terníssima Realidade e aquele Sentido amoroso, capaz de realizar infinitamente o ser humano. Portanto, Deus só tem sentido se irromper da própria estrutura desejante do ser humano.

A vida faz nascente quando de nosso encontro pessoal com Deus nasce em nós outra pessoa. Alguém capaz de amar, de ser feliz, de buscar pelo ideal da vida, de fazer valer a própria vida e as vidas humanas que se aproximam desse ser vivente. O ser humano pode, do meio dos escombros dos próprios fracassos, sair inteiro. Porém, não ileso, pois não há mudança de vida sem que haja qualquer colisão.

Adquiramos novas referências emocionais para nossa vida, desprendamo-nos daqueles sentimentos negativos que não nos permitem manifestar vida. Esses sentimentos impugnam a liberdade. Pensemos que realmente tudo tem seu preço, mas nenhuma vida tem garantia de ser nova se a velha não for abandonada. Nenhuma ação sofrerá avanço se não houver o concreto de uma mudança.

As características nascidas nas inverdades

Outra coisa que paralisa a pessoa são as críticas conservadas em sua mente por longo tempo.

Devemos avaliar quais foram as piores críticas que já ouvimos. São advindas de pessoas ou de nós próprios? Avaliemos qual é o tom correto na crítica dada em nossa mente, aquela pronunciada por nós mesmos ou pelo outro? Qual a utilidade que essas críticas podem ter em nós, sendo avaliadas devidamente?

Quando ouvimos alguma crítica de alguém cabe avaliarmos corretamente, assim como os elogios: "até aqui eu entendo o que você me disse, a partir daqui eu não acho que seja assim".

Há um contexto para ser identificado sobre todas as frases ditas. Ao ouvirmos algo, podemos assumir esse algo como verdade ou não, basta termos discernimento para sabermos aonde os sentimentos provocados poderão nos levar. Sempre optemos por ficar com o que nos faz um ser humano melhor.

Não podemos dar aos sentimentos negativos, formados por críticas, papéis que sejam fundamentais em nosso desenvolvimento humano. Não resistamos ao bem, não recusemos o bem que pode ocorrer em nossa vida, não tenhamos medo de viver, não acreditemos em todas as críticas que ouvirmos. Se em nossa vida há algo a ser mudado e não conseguimos identificar, devido ao barulho que há em nossa mente, silenciemos, façamos o exercício de estar com nós mesmos, sem ninguém por perto; tentemos entender quem somos e do que precisamos para sermos pessoas realizadas.

Individualizemos cada um de nossos sentimentos, identifiquemos qual foi sua origem e substituamos cada um desses por coisas boas, tais como imagens belas. Transformemos o ruim em algo bom, a metamorfose espiritual é um processo que começa quando desejamos nos encontrarmos, reconhecermo-nos e melhorarmos.

Assumamos também nossas características negativas, entendamo-nas, convivamos com elas, após isso permitamos que uma visão positiva transforme-as naquilo que poderá ser bom para nós.

Respeitemos cada um de todos os nossos sentimentos e nossas características. Muitos surgiram em momento de dor, de sofrimento ou até mesmo de raiva. Então, visualizemos cada qual em seu lugar e damo-nos a devida importância. Nossos medos e nossas indecisões partiram de uma forma de agir ou viver que nos impediu de nos transformarmos em seres melhores, nos quais haveria uma maior capacidade de amar, de ser amados, de nos aceitar e de ser aceitos. Uma proposta de vida pode ser construída por meio das emoções desenvolvidas. Então, após reconhecer as críticas, façamos uma relação de nossas qualidades, tentemos alcançar pelo menos 20 qualidades, encontraremos nelas o dom de Deus sobre nossa personalidade. Intensifiquemos uma convivência com nosso interior e apostemos em nós. Pode haver um mundo melhor a partir de nossa vontade de sermos bons. Não permitamos uma vida sem sentido, não permitamos que ela escape de nossas mãos. Adquiramos a vontade de estar presentes no meio daqueles que são bons e daquilo que é bom, não percamos o nosso tempo com o que não nos fará melhores. Avancemos com o projeto de mudar de atitude, para, assim, compreendermos que nossa própria vida pode ser melhor. A fonte de nossa vida será fluente quando avançarmos com um projeto de sermos alguém melhor.

Nossa vida atual nos sufoca ou traz frescor? Se ela nos sufoca, há uma razão de ordem para ser realizada, então comecemos por aquilo que temos em nossas mãos, que somos nós mesmos. Não atrasemos o desenvolvimento de uma vida repleta de paz espiritual.

Para onde desejamos ir? Talvez não saibamos para onde seguir. Mas, se estamos envolvidos em uma vida na qual não nos sentimos felizes, estejamos conscientes de que, para mudar, alguma coisa deverá ser feita. Não nos percamos de vista. Não nos coloquemos diante das escolhas que os outros estabelecem, apenas concordando com as situações como são. Não creiamos que os apelos da modernidade trarão benefício para nosso interior pessoal por longo tempo. A felicidade não é comprada. Não acreditemos em relações instantâneas. Hoje, o que encontramos é relacionamento de interesse no que as pessoas têm ou apresentam. As pessoas não se importam com o que os outros são. O relacionamento deve partir do que a outra pessoa é e, se não for algo bom, que possa completar nossa alma. Não percamos tempo.

"A maior descoberta de minha geração é que o ser humano pode alterar sua vida mudando sua atitude mental" (William James – filósofo, psicólogo – 1842-1910).

Entendamos a situação em que vivemos atualmente. Não lamentemos pelo que vem ocorrendo. Apenas percebamos que se for preciso nossa mudança para que pessoas fiquem mais felizes, mudemos, se for preciso nossa mudança para que fiquemos mais felizes, façamos o mesmo, mas não acumulemos tristeza por onde passarmos nem por nossos próprios pensamentos. Não nos desesperemos se chegar a hora de mudar. As estações do ano mudam e a natureza não se perturba. Assim, acolhamos o momento como algo que deva acontecer. A vida é feita de fases e cada uma delas deverá ser bem vivida, sendo plena em sua forma principal.

Jesus tem uma proposta de vida

Nossa própria mudança de atitude pode ser lenta ou rápida, sempre entendendo que se trata de algo real, mesmo que nos envolvamos com paixões ou ações insensatas, pois essas poderão ocorrer a qualquer tempo. Não optemos pelo desfavorecimento que o envelhecimento interior trará para nossa alma, por meio dos acontecimentos negativos. Nossa alma está sempre pronta para rejuvenescer.

> Só perdida a vida do homem que viveu tão iludido pelos prazeres da vida, ou por sua tristeza, que jamais se tornou eterna e decisivamente consciente de si mesmo como espírito... ou (o que é a mesma coisa) que jamais se tornou consciente – e, no sentido mais profundo, que jamais teve um vislumbre – do fato de que existe um Deus, e de que ele, ele próprio (o homem)... existe diante desse Deus, cujo grau de infinitude jamais é alcançado senão através do desespero (Sören Kierkegaard – filósofo).

Paulo observava tudo o que havia feito e o que o haveria de mudar. Quanto a aceitar a doutrina de Cristo, seus próprios valores aceitaram, mas transpor todos os seus sentimentos para o amor em Cristo foi algo que precisou, de sua parte, do entendimento constante no amor.

O novo apóstolo não perdera Jesus Cristo de seus olhos desde o momento em que o encontrou. Não perdera a voz dele. Entendia que estava recebendo uma nova missão. Necessitou ir além do racional. Ultrapassou seus limites. Aceitou conviver com aquela nova fase e para poder vivenciar sua própria mudança.

No Evangelho, encontramos, de maneira clara, passagens onde Jesus apresentava sua compaixão, e um olhar de compaixão só sai de quem aceita a pessoa da maneira como é.

Jesus é um visitante nos corações humanos que chega para curar, mas após a cura nos convida a encontrar outros que necessitam de cura também. Seu amor, vivenciado por meio da fraternidade, faz com que tenhamos vontade de alterar nossa forma de ser. Ao conhecer o homem que foi Jesus, conseguimos entender melhor a vida e nossas escolhas, pois por meio das ações piedosas de Jesus enxergamos um mundo que vale ser vivido de uma forma diferente. Recebemos um convite para a mudança. Porém, aceitar ou não faz parte de nossa liberdade. Em nossas próprias ações moram o senso entre fazer o bem ou o mal, sempre alimentados pela maneira como observamos ou julgamos as pessoas, ou julgamos a nós mesmos. Uma pessoa é inteira ao encontrar com Jesus quando consegue perceber o amor dele e que sempre há tempo para mudança de atitude e, a partir daí, encontrar um tempo para ser vivido, pois Ele diz: "Eu te ouvi no tempo favorável e te ajudei no dia da salvação" (Isaías 49,8). Agora é o tempo favorável, agora é o dia da salvação (2Coríntios 6,2).

11

As mudanças pessoais dentro das novas possibilidades. Há sempre um propósito

Um novo propósito que está dentro dos acontecimentos

Em seu encontro com Jesus, Paulo criou uma nova percepção sobre a vida. O que ele via era um cenário distinto do qual estava acostumado. Com seus pés fincados no chão, ou seja, muito consciente dos acontecimentos, ele haveria de ter um novo comportamento, dentro de um novo propósito que acabara de ser apresentado a ele. Já havia feito a opção de seguir sua missão junto a Deus, porém, seguia de forma errada, agia como se fosse um fanático religioso, e sua forma de amar a Deus distribuía dúvidas. Após seu encontro com Jesus, começou a entender o que havia de errado nele mesmo. O propósito apontado por Deus a partir daquele encontro deu luz sobre sua vida e Paulo entendeu que tudo estava dentro de uma nova missão atribuída pelo próprio Cristo.

"Cada pessoa entra neste mundo atendendo a um chamado. Reconhecer este chamado é primordial para se alcançar o propósito" (James Hillman, psicólogo junguiano).

A vida deve ser construída dentro de um propósito que tenha sentido. Acreditemos que tudo está dentro do possível e o impossível está nas mãos de Deus. Mas não façamos de nosso possível algo raso, superficial; criemos limites fundos, criemos circunstâncias possíveis, para que nosso conceito referente à parte que cabe a Deus seja realmente o impossível. Nossos planos precisam chamar nossa atenção, a ponto de acreditarmos que são impossíveis, pois, assim, saberemos que Deus é quem está no comando de nossa vida.

Apresentemos para Deus nossos planos de vida dentro de um relacionamento íntimo. Coloquemos em suas mãos aquilo que está fora de nosso alcance, aquilo que não há fonte, forma ou jeito de acontecer, se não for pela intervenção divina. Para que as coisas aconteçam é necessário entendermos o grau de dificuldade que envolve nossa vida. Passar a vida no intento de querer e não tentar não é frutífero.

Faça um favor a você mesmo, não se paralise olhando para uma situação acreditando que se trata de uma derrota, sem chegar ao final. Não julguemos o problema pelo tamanho, e sim por nossa própria capacidade de resolvê-lo. Não devemos dar nulidade a nossa capacidade de superar. Encantemo-nos com as possibilidades que a vida poderá nos proporcionar. Deleitemo-nos ao calor do sol, antes mesmo dele nascer, pois essa possibilidade sempre existirá. Observemos os obstáculos que se apresentam em nossos pensamentos. Poderemos derrubá-los, se entendermos que esses obstáculos podem nos atrapalhar na conquista de uma vida mais plena e feliz. Determinemo-nos a entender que nossos limites poderão ser alcançados todas as vezes que lutamos para superá-los.

Desenvolvamos nossa percepção sobre nossos processos mentais. Analisemos o que mais nos vem à memória, fatos bons ou ruins de nossa infância, ou de alguma outra fase de nossa vida? Nessas lembranças, qual o tipo de sentimento nos detém com essas memórias? Entendamos nossos processos cognitivos, ou seja, de autoconhecimento; envolvamo-nos com nossos pensamentos de maneira racional. Interpretemos nossas memórias e descubramos o que nos faz parar diante do possível e dêmos o significado correto aos acontecimentos que fizeram parte de nossa vida.

Não olhemos esses acontecimentos com ressentimento, nem os olhemos com desprezo. Apenas nos envolvamos com os sentimentos que são afluentes dessas memórias e perceberemos que atitudes de fugas estão envolvidas com um passado de frustrações. Algumas de nossas reações nasceram de ações inseridas em nosso passado, sendo muitas delas adquiridas em nossos relacionamentos de afetos e dependências.

Conhecer o passado e dominá-lo de alguma memória ruim é uma questão saudável para que possamos encarar de forma direta os obstáculos que aparecem, principalmente, quando esses nos limitam a irmos além das palavras e dos sentimentos.

Convivamos com nossas derrotas. Mas interrompamos os laços com o fracasso; uma coisa não está inserida na outra, um não é substantivo do outro. A derrota faz parte do concreto do aprendizado que a vida nos oferece. O fracasso é sentimento que, quando conhecido, apresenta-se sem utilidade.

Desenvolver as percepções sobre os propósitos

Na filosofia a doutrina do percepcionismo afirma que o ser humano tem a imediata consciência da existência de um mundo exterior ao eu. Sendo que, à medida que o ser humano adquire consciência da realidade do mundo exterior, adquire a consciência da realidade do próprio eu. O ponto de partida é o da imersão total na concreção.

Entender nossas derrotas é compreender a dimensão da força de nossa vontade de conseguir nossos propósitos.

Qual é o mundo com o qual nos relacionamos? Como é esse envolvimento entre nossa pessoa e o que está fora de nós? Quais as percepções que carregamos para a vida? Acreditamos que o caminho para o qual nossa vida foi direcionada não é o que deveria ter sido? Existe alguma distância muito grande entre nossa realidade e os propósitos que temos para nós?

O momento de descoberta se inicia quando percebemos que nossos propósitos estão ao alcance de um estender de nossa vontade, mas por alguma razão ficamos estagnados, aguardando a música para dançar, postura de quem não sabe nem por que dança.

A vida em muitos momentos nos projeta ao encontro entre nós e nossa capacidade de saber quem somos, assim, descobrimos o momento correto de agir, reagir e fazer acontecer.

> É preciso falar para ir além da palavra. É preciso desejar para ir além do desejo. Algumas vezes nós nos servimos da espiritualidade, nos refugiamos em um falso silêncio e em um não desejo, que é uma ausência de vida, uma falta de vitalidade que está mais próxima da depressão do que do estar desperto, alerta, mais próximo da despersonalização do que da transpersonalização (Jean-Yves Leloup – teólogo).

O teólogo Jean-Yves Leloup fala sobre a ausência de vida, sobre a ausência de propósito, pede para despertar o desejo; uma vida sem sentido não progride nem dentro dela mesma.

Não se pode esperar pelo pior, antes que esse realmente ocorra, não se pode perder a razão diante da falta do racional. Amadurecemos quando aprendemos que há diversas formas de nos fazer pessoa. Porém, cada um tem seu jeito de ser, com o tempo necessário para o estado de integração de seu eu interior e o mun-

11. As mudanças pessoais dentro das novas possibilidades 115

do exterior. Mas isso não é motivo para estarmos parado, o tempo pode nos convidar a mover nossa vida a partir do agora.

As angústias surgem da falta de um propósito na vida, em uma revolução que nos transforma em seres menos do que somos. Isso pode estar causando inércia no próprio viver. Nenhuma vida sobrevive sem uma razão para que seu interior se torne inteiro. Mas é preciso desejar se conhecer para que nasçam os sonhos. Não se segue o caminho da verdade sem o processo de autodescoberta.

A libertação surge quando resolvemos nos descobrir, não precisando mais reduzir a vida ao curto espaço dos caminhos escolhidos no momento de pressa. Os caminhos curtos são aqueles que não são reais, pois nos encontramos com eles por falta de propósito ou por falta de acreditar no possível. Não fiquemos pulando etapas, pulando de caminho em caminho para nos reencontrarmos. Saiamos da estagnação diante de uma vida sem o verdadeiro sentido dela mesma. Não nos afeiçoemos às ideias que não promovem o bem. Não nos percamos ao nos compararmos com o que tem de melhor no campo material. Comparemo-nos ao processo de evolução de quem é bom. Acreditemos que ser é melhor do que estar, ou do que ter.

É necessário lutar para se criar as possibilidades. É preciso reagir diante da vida quando se quer ir além da depressão. Entenda que buscar pelo ideal da vida não é fácil. No hoje, poderemos alcançar nosso ideal, sigamos na contramão dos caminhos fáceis que o mundo está oferecendo.

Algumas pessoas não irão entender nossa necessidade de nos descobrirmos. Mas independentemente dos pensamentos alheios, comprometamo-nos com a vontade de nos descobrir e criar possibilidade para que a vida possa dar certo.

Não permitamos que uma vida descuidada se prolongue. Não nos arrastemos, não nos nutramos com ações concentradas em "isso não é possível" ou "isso eu não posso". Não nos rendamos a um mundo cheio de capricho e vaidade. A única coisa que esse mundo vai querer de nós é conhecer nossa capacidade de comprar e adquirir algo. Se conhecemos alguém que está próximo de nós que não nos agrega valor algum e ainda busca ver em nós uma máquina de consumo, afastemo-nos, essa pessoa não está preocupada em ajudar-nos a alcançar nossos propósitos.

Afastemo-nos de ideias que nos intitulam como alguém que está ou tem. Analisemos nosso estado espiritual para entender melhor nosso papel no mundo e na vida. Pensemos em qual lugar conseguimos estar felizes de uma maneira mais prolongada. Estabeleçamos um propósito para nossa vida que esteja unido à ideia de ser uma pessoa melhor e de ser alguém melhor, em um lugar que traga o sentimento de paz mais profunda.

Encontremos em nossos desejos o propósito de Deus para nós

Santo Agostinho acreditava que todas as nossas vontades e nossos desejos nos tornam responsáveis por nossas decisões e ações. Porém, quando escolhemos o que é bom, somos dignos de louvor; quando escolhemos o mau, somos dignos de reprovação. Alguns podem achar que essa reprovação significa punição por parte de Deus, mas não é, a reprovação vem do próprio mundo onde vivemos. Santo Agostinho dizia que as escolhas por nossas vontades livra Deus de qualquer responsabilidade sobre nós.

Uma vida com propósito se torna clara e compreensiva quando entregamos nossa vida nas mãos de Deus, confiando que Ele pode nos ajudar a encontrar aquilo que é melhor para nós.

Rick Warren, autor do livro *Uma vida com Propósito*, escreve sobre viver dentro de nossas vontades e dentro de um propósito direcionado por Deus. Ele diz que toda vez que uma pessoa se esquece que o caráter é um dos propósitos de Deus para sua vida, ela se torna frustrada pela situação que a cerca.

11. As mudanças pessoais dentro das novas possibilidades 117

Enquanto a vida girar em torno da própria pessoa, esse sentimento de frustração será comum. Rick Warren ainda afirma: "Você nunca saberá que Deus é tudo que você precisa até que Ele seja tudo o que você tiver".

Observamos que, no mundo atual, muitas pessoas encontram conforto apenas nos deuses do sistema financeiro e no progresso tecnológico, sendo que esses seguem ditando regras vagas e nulas que não se encontram com os valores da humanidade. Todas as regras desse mundo moderno oprimem nossa alma, porque estamos indo nos contrários do caminho que Deus tem proposto para nós. Mesmo com todo o avanço da modernidade as pessoas, ainda, encontram-se no vazio, lutando para se afastar de doenças provocadas por um mundo pós-moderno, onde o tocar de um dedo deveria resolver todos os problemas.

Tenhamos em mente que quando se trata de alma, esse tocar de dedo nada resolve, para tocar a alma é necessário o calor das mãos de Deus.

Os deuses têm pés de barro (cf. Daniel 2,31-43), o que significa isso?

Que esses deuses são fracos e que um dia vão cair por terra. E nesse momento o que nos sobra é viver novamente sem eles e, quem sabe aí, entender que é necessário apenas ter Deus para aprender a ser quem devemos ser. "Porque virá tempo em que os homens já não suportarão a sã doutrina da salvação. Levados pelas próprias paixões e pelo prurido de escutar novidades, ajustarão mestres para si" (2Timóteo 4,3).

Nos propósitos de Deus, evitaremos ser carregados por um arsenal de medicamento ou de cartões de crédito. Ele nos protege de sermos algo do qual não fomos projetados para ser.

Nossas limitações estão no mundo externo quando encontramos nele pessoas despreocupadas com nossas verdades e nosso viver. Encontramos em nós um desejo forte de sermos melhores, quando compreendemos nosso papel como filhos de Deus; somos filhos que precisam amar e ser amados. Mas amados pelo amor imortal do Deus soberano. Esse mesmo Deus que nos envolve com sua maravilhosa forma de se entregar a nosso coração quando abrimos a Ele a possibilidade de viver com Ele.

Não são poucas as pessoas que observam Deus como um tirano que tem um caderno preto, no qual escreve todos os nossos pecados, para nos "jogar na cara" quando nos encontrar. Mas isso é um mau entendimento, viver em Deus é encontrar a paz e a felicidade por saber que junto a Ele está um mundo se abrindo em possibilidades. Uma sociedade secularizada mata Deus, não por meio da realidade, mas na falsa verdade que a sociedade contemporânea impõe sobre as questões de Deus. Sendo assim, para compreendermos o processo de Deus, é necessário mexer em nosso comportamento, observar nossa forma de ser e entender que Deus está entre nós todas as vezes que permitimos sua manifestação, cabe-nos firmar em um processo sólido de um propósito em Deus. Mas temos de entender que esse propósito nasce dentro de uma atitude concreta, nossa, de ser alguém melhor.

Deus nos convida com ousadia e coragem. Por meio do testemunho de nossa vida, lutando contra valores que promovem a falência do mundo.

Paulo acolheu o novo propósito de Deus para sua vida. Compreendeu sua nova missão dentro do que era proposto de forma possível. E sabemos que, por seu testemunho e por sua luta, ele foi apresentar até os confins da terra todo o Evangelho daquele que o chamara a uma missão e fez-se, no meio do povo, um anunciador da presença de Deus. Com uma missão libertadora dos sentimentos. Paulo libertou todos daquilo que os escravizava por um mundo que estava centralizado em possibilidades que traziam vida por pouco tempo.

"Até onde conseguimos discernir: o único propósito da existência humana é acender uma luz na escuridão da mera existência" (Carl Jung – psiquiatra).

Epílogo

Vencendo nossos obstáculos: levantemo-nos, ponhamo-nos de pé e entremos na vida

Atos dos Apóstolos 9.
3. Durante a viagem, estando já perto de Damasco, subitamente o cercou uma luz resplandecente vinda do céu. 4. Caindo por terra, ouviu uma voz que lhe dizia: Saulo, Saulo, por que me persegues? 5. Saulo disse: Quem és, Senhor? Respondeu ele: Eu sou Jesus, a quem tu persegues. [Duro te é recalcitrar contra o aguilhão. 6. Então, trêmulo e atônito, disse ele: Senhor, que queres que eu faça? Respondeu-lhe o Senhor:] Levanta-te, entra na cidade. Aí te será dito o que deves fazer. 7. Os homens que o acompanhavam enchiam-se de espanto, pois ouviam perfeitamente a voz, mas não viam ninguém. 8. Saulo levantou-se do chão. Abrindo, porém, os olhos, não viam nada. Tomaram-no pela mão e o introduziram em Damasco, 9. onde esteve três dias sem ver, sem comer nem beber.

Antes mesmo de se pôr de pé, Paulo começou a sentir medo de todos os sentimentos que habitavam seu coração. Talvez não reconhecesse, mas seu inconsciente o informou que o amor por Deus era ilusório e que o ódio havia tomado seu interior.

Então, Paulo se pôs a caminhar. Seus conflitos internos já deram início quando ainda estava no chão. Entrou em Damasco e não sabia mais o que havia de fazer. Porém confiou, quando foi dito por Jesus para aguardar, por ali ficou pensando e refletindo sobre tudo o que estava lhe acontecendo.

Acreditar em mais o quê? Sua vida deveria mudar de rumo? Iniciar uma nova história? Apagar seu passado? Como seria a partir daquele momento?

Paulo necessitava ordenar sua vida e havia um trabalho a ser feito. O início se daria em transformar todos os seus devaneios acrescidos pelo ódio à doutrina cristã, pois seu sentimento de amor estava reprimido e precisava retornar a seu coração. Se mesmo confiando que Deus está sobre todas as coisas e em algum ponto de nossas vidas perdemos um pouco o sentido da fé quando algo ruim nos acontece, como fica a vida quando acreditamos que Deus não está sobre todas as coisas?

A certeza da fé cristã está em entender que mesmo diante de todo sofrimento humano há um Deus que nos acolhe e espera nosso reconhecimento como filhos que podemos ser.

"E tudo o que se manifesta deste modo torna-se luz. Por isto (a Escritura) diz: Desperta, tu que dormes! Levanta-te dentre os mortos e Cristo te iluminará!" (Isaías 26,19; 60,1; Efésios 5,14).

Deus nos promove o tempo todo. Aceitar essa promoção é estar no entendimento da vida de Cristo em nós. Se consolidar em Cristo é diluir o sofrimento dentro do cotidiano e dar continuidade aos projetos de Deus para o mundo e para a humanidade.

Nossa liberdade é formada à medida que cresce nossa capacidade de raciocinar, motivando um comportamento e sugerindo nosso jeito de ser. Porém, para entendermos melhor a ação de Deus, devemos cuidar dessa capacidade de pensar e de ser livre.

Estamos suscetíveis a erros, mas se, ao ativar nosso interior, aprofundarmo-nos na presença de Cristo em nós, nossas ações estarão salvas.

Epílogo

"É para que sejamos homens livres que Cristo nos libertou. Ficai, portanto, firmes e não vos submetais outra vez ao jugo da escravidão" (Gálatas 5,1).

Levantar para seguir uma vida com Cristo é opção de quem se encoraja, e se liberta cada vez que ouve Jesus dizer: "Vá em paz, tua fé te salvou".

Todas as vezes que fizermos uma opção e ouvirmos em nosso íntimo a frase acima, saibamos que além dessa nossa escolha nada mais terá importância. Pois foi Cristo que nos dirigiu a essa opção. Não adiantará nada nos abatermos e ficarmos caídos no chão. Não nos envolvamos apenas com aquilo que parece ser. Não acreditemos no que se apresenta a nossos olhos. As confusões pessoais são apenas uns dos obstáculos para quem deseja resolver seus problemas. Internalizemos nossos problemas para compreender suas origens e, a partir daí, sabermos que é preciso levantar para irmos ao encontro do que está projetado e, assim, visualizar uma nova oportunidade de vida.

Nós e nossa escolha são o que nos resta quando estivermos diante de nossos obstáculos. A forma como poderemos trabalhar isso é um problema que caberá a nós resolver. Mas, lembremos que nossa transformação será real quando enxergarmos que tudo o que acontece tem consequência, e a felicidade só brota quando estamos diante daquilo que é decisivamente pautado no amor.

Momentos de conflitos podem nos desdobrar, dando-nos a possibilidade de ser uma pessoa melhor ou ser uma pessoa pior. Mas o cristão escolhe aquilo que está ao lado do melhor.

Livremo-nos do mal, não apenas dobremos como um papel o que há de ruim, escondendo e o deixando a nosso alcance, descartemos aquilo que realmente é prejudicial, não façamos de nosso momento de dor uma desculpa para sermos pior. Entendamos que em nossos problemas há uma boa chance de nos encontrar com Cristo, sendo esse um bom momento para nos entregar a Ele.

Há dor. Há força. Há luta. Há transpiração nas decisões a serem tomadas, lembrando que em nossa mente poderá habitar o sagrado, levando-nos ao melhor quando percebermos que tudo o que está a favor de Deus deve ser comprometido com o valor do amor, que está gravado dentro de nossa alma, deixado por Deus desde quando fomos gerados.

O teólogo e filósofo Michel Quoist, em seu livro *Construir o homem e o mundo*, diz:

> Precisamos amar, "com todo o coração" e "com todas as forças". Foi uma ordem do Senhor. Assim, nenhuma de nossas faculdades interiores deve ser desprezada, e menos ainda abafada. Mas, para fazer que elas nos sirvam, é preciso reconhecê-las, aceitá-las e orientá-las.
>
> Nossos contemporâneos têm dificuldade sobretudo em assumir sabiamente sua sensibilidade: ou esta, frustrada, vinga-se criando desordens ou, então, exasperada e incontrolada, desequilibra o julgamento e a ação. A vontade, à qual parece haver-se atribuído um poder demasiado exclusivo, nada pode sem a inteligência, e, principalmente, sem o consentimento profundo da sensibilidade.
>
> Em suma, é harmonizando todas as faculdades em Cristo que o homem pode equilibrar-se e construir uma vida espiritual sadia e autêntica.

Viver fora da vida cristã pode até ser fácil, mas em algum momento haverá de cairmos e voltarmos ao encontro dele. O que aconteceu com Paulo nos acontece a cada momento, quando estamos desequilibrados nos sentimentos, nas dores e nos sofrimentos e em Cristo encontramos força para nos equilibrar. Sempre ouvimos a frase "se não for por amor é pela dor que nos aproximamos dele"; é na distância que criamos, entre nós e Ele, que estão nossas faltas e nossas tristezas, porém é na aproximação que está nossa alegria de viver por Ele.

O papa Bento XVI fez a seguinte declaração: "As coisas de Deus merecem pressa. São as únicas do mundo que merecem isso, porque as coisas de Deus têm uma verdadeira urgência em nossa vida". Cristo é assim: chega de surpresa quando estamos assentados à beira da estrada, cansados das quedas de uma vida que se encontra descontrolada pela falta de dignidade e do amor em Deus.

Nossos ressentimentos, ódios, mágoas, orgulho e paixões desordenadas nos levam a Damasco. Esses sentimentos negativos são tão pesados que levam-nos à queda e é na queda que encontramos nossa fragilidade. As quedas podem ser simbolizadas por diversas circunstâncias, nas questões de ordem financeira, nas perdições morais ou em relacionamentos desrespeitosos. Mas será nessas quedas que, ao olharmos para cima, veremos uma luz tão forte que brilhará mais que o sol. Nesse momento, ocorrerá nosso encontro com Jesus, o Cristo, e Ele nos perguntará por que agimos como seu inimigo.

Nossas respostas podem nos fazer sentir medo, vergonha e receio. Contudo, Ele, pelas vias que nos leva a Damasco, pede para entrarmos na cidade e a, partir daí, a decisão é de cada um: seguir com Cristo, mergulhados em seu amor ou voltar sem Ele.

"O Senhor nos diz: 'Não tenham medo' (Mateus 28,5). Como às mulheres na manhã da Ressurreição Ele nos repete: 'Por que buscam entre os mortos aquele que está vivo?' (Lucas 24,5). Os sinais da vitória de Cristo ressuscitado nos estimulam, enquanto suplicamos a graça da conversão e mantemos viva a esperança que não engana. O que nos define não são as circunstâncias dramáticas da vida, nem os desafios da sociedade ou as tarefas que devemos empreender, mas acima de tudo o amor recebido do Pai graças a Jesus Cristo pela unção do Espírito Santo" (Documento de Aparecida – maio de 2007).

Índice

Apresentação | 3
Introdução: Deus atrapalha nossa
            comodidade diária | 5

1. Diante da cegueira, abramos os olhos
   e enxerguemos uma nova perspectiva | 13
       Enxergar uma nova paisagem | 13
       Nova visão a partir do autoconhecimento | 16
       Libertar-nos dos sentimentos que cegam | 19
       Jesus tira da cegueira aqueles que o procuram | 22

2. Quedas na estrada. É tempo
   de recomeçar | 25
       Reconhecer o momento da queda | 25
       Respeitar as feridas dos próprios sentimentos | 28
       Cair em Deus | 31

3. Os conflitos diante das mudanças de rota.
   Dar um novo sentido
   às experiências em Deus | 35
       Converter-nos às novas experiências | 35
       Encontrar o caminho na realidade
       do verdadeiro eu | 37
       Os bons caminhos encontram-se logo à frente | 39
       A conversão em Cristo é mudar as ações | 43

4. Diante das frustrações na vida presente, a busca
pelo sonho de Deus | 47
   Recolher-nos diante da desilusão | 47
   A frustração recua em vida útil | 50
   Retiremos os excessos e aprendamos com a frustração | 52
   A confiança que não se frustra diante da misericórdia de Deus | 54

5. Os medos diante das confusões. A vida se encontra
em cruzamentos | 57
   O resgate de novas escolhas | 57
   A viagem ao eu verdadeiro | 59
   Contrastar com a imagem do contexto | 62
   Não há pensamento que volte atrás depois de conhecer Cristo | 63

6. Nas culpas do passado encontramos um presente
com boas descobertas | 67
   A culpa que descaracteriza e desvaloriza o ser | 67
   O amor abre os cárceres da culpa | 69
   Dissipar a culpa. Dissolver o medo | 70
   No meio da vida pode haver um novo princípio em Jesus | 73

7. Livrar-nos dos apegos que sufocam. Aprender a
depender somente de Deus | 75
   Os movimentos da vida além das fronteiras do apego | 75
   Enfraquecer as condições das dependências psicológicas | 78
   O desapego do amor patológico | 81
   O apóstolo Paulo sem apego a seus conflitos | 83

8. Entre as confusões e os fatos negativos, afloram a
sensibilidade e o entendimento | 85
   Sensível aos apelos da razão | 85
   Concordar com os acontecimentos. Aceitar os fatos | 88
   Desenvolver nosso entendimento humano | 89
   Não irracionalizemos o relacionamento com Deus | 91

9. Na confiança em Deus, curamos a fé com a razão | 93
   A fé na dimensão humana | 93
   A fé na plenitude da graça do tempo | 96
   A fé e a razão | 97

10. Encontrar a vontade de viver diante dos sentimentos | 103
    Os sentimentos congestionam-se | 103
    As características nascidas nas inverdades | 106
    Jesus tem uma proposta de vida | 108

11. As mudanças pessoais dentro das novas possibilidades.
    Há sempre um propósito | 111
    Um novo propósito que está dentro dos acontecimentos | 111
    Desenvolver as percepções sobre os propósitos | 113
    Encontremos em nossos desejos o propósito
    de Deus para nós | 116

Epílogo
Vencendo nossos obstáculos: levantemo-nos,
ponhamo-nos de pé e entremos na vida | 119

Este livro foi composto com as famílias tipográficas Adobe Garamond Pro e Segoe UI
e impresso em papel Offset 75g/m² pela **Gráfica Santuário**